B. DANGENNES

L'ÂME
DE VOTRE
ENFANT

Ce que tout Père et Mère doivent savoir

L'Ame
de votre Enfant

B. DANGENNES

L'Ame

de votre Enfant

Ce que tout Père et Mère
doivent savoir

EDITIONS NILSSON
73, BOULEVARD SAINT-MICHEL, 73
PARIS

PREMIÈRE PARTIE

———

CHAPITRE PREMIER

Les premiers éléments de la volonté

Quels sont les parents qui ne se sont point sentis bouleversés par un sentiment de respect attendri, devant ce mystère qu'est l'âme de l'enfant nouveau-né ?

Quels sont ceux qui n'ont point cherché à découvrir l'énigme que renferme cette chose impondérable, dont aucun indice encore ne traduit la nature ?

Le petit corps, lui, contient en germe celui de l'adulte qu'il sera un jour, et, devant cette ébauche, mille projets s'élaborent.

Suivant son apparence gracile ou robuste, suivant son sexe et la situation dans laquelle les circonstances font naître l'enfant, il est permis aux parents d'échafauder des espérances d'avenir, basées sur les probabilités encloses dans cet embryon d'humanité.

Mais si, devant le problème de l'âme future, toutes les espérances sont admises, toutes les hésitations se précisent et tous les doutes se légitiment, car cette petite âme toute neuve c'est la matière à laquelle ils sont appelés à donner, dès le premier contact, une forme qui sera l'ébauche de celle qu'elle devra adopter.

Et, devant la grandeur sacrée de la tâche qu'ils vont entreprendre, ceux qui en comprennent toute la beauté, se recueillent, pris d'un besoin intense de méditation, dont le but est de les préparer à réaliser cette deuxième œuvre de création.

Comme le sculpteur antique que l'on nous dépeint rêvant devant un bloc de marbre, en se demandant s'il en fera un dieu, celui qui est chargé de modeler cette substance inconnue, se demande anxieusement s'il lui sera donné de l'épurer comme il convient et s'il ne rencontrera point dans l'accomplissement de sa divine besogne, des obstacles qui pourraient neutraliser ses efforts.

Cette petite âme qui s'annonce à peine, sera-t-elle rebelle à la culture que l'on songe à lui imposer ?

N'y sera-t-elle pas, au contraire, trop passivement soumise, et, dans ce dernier cas, le rôle du modeleur n'est-il pas encore plus impressionnant ?

L'avenir de l'enfant est plus intimement lié qu'on ne le pense au soin que l'on apporte à développer en lui les premières lueurs de l'intelligence et de la volonté.

On est trop enclin, généralement, à donner à ces deux manifestations le nom d'instinct.

C'est un prétexte commode pour les éducateurs nonchalants, qui ajournent ainsi le temps de leur effort, en déclarant qu'on ne peut s'occuper de l'âme de l'enfant qu'autant qu'elle se montre dégagée des symptômes de l'animalité, qui dirige exclusivement ses actes, dans les premières semaines de la vie.

Ceci est une erreur profonde.

L'instinct seul ne produit pas les mouvements de désir, de colère ou de convoitise de l'enfant.

Dans les gestes confus, précédant les premiers balbutiements, se trouve déjà l'embryon d'une pensée, donc une manifestation mentale, que l'on doit reconnaître comme la première représentation de l'âme.

Certes, cette pensée ne s'étend guère qu'aux besoins de l'enveloppe matérielle, mais elle n'en est pas moins digne de n'être point confondue avec l'animalité pure.

Le moindre geste témoignant d'une intention ou d'un désir, est déjà le signe d'une préférence et c'est l'indice de sa faculté de vouloir et de son désir de choisir.

Nous voyons, par exemple, des enfants qui ne comptent encore leur âge que par semaines, montrer, par des signes certains, qu'ils reconnaissent leur nourrice. Pur instinct, dira-t-on ; non. Premier effort de l'âme, s'acheminant vers une ébauche de pensée, car il est indubitable, que, dans cette petite intelligence informe, le raisonnement suivant est éclos, d'une façon confuse, il est vrai, mais traduisible pourtant par la déduction suivante :

A cet âge, les seules sensations bien nettes pour l'enfant sont celles du bien-être ou de la souffrance ; or la faim est un état de malaise, qui se dissipe par l'apaisement ; cet apaisement c'est sa nourrice qui le lui procure : en la reconnaissant, il donne donc là une marque d'intelligence et c'est l'éclosion de son âme, qui détermine le mouvement de sympathie qu'il manifeste à sa façon.

Dans les premières semaines, ces marques sont exclusivement passives et se résument surtout en deux phases : la cessation immédiate des pleurs et la venue du sommeil, prouvant la sérénité.

Nous ne parlons pas du bien-être simplement physique, qui amène ces deux états ; nous voulons indiquer la période, purement morale, précédant celle de la satiété, c'est-à-dire le moment où l'enfant cesse ses cris, parce que la nourrice vient le prendre et QU'IL SAIT que le besoin dont il souffre va se trouver contenté.

C'est encore à la production d'un mouvement d'âme qu'est due la connaissance évidente des personnes vivant le plus habituellement autour de lui ; et, dans ce premier effort de la pensée, gît déjà une idée obscure, mais indéniable, se rapportant à la raison de cette distinction.

Sur l'écran, encore vierge de sa mémoire, se retracent confusément le souvenir des soins et des gâteries, qui, pour lui, se définissent seulement par une sensation de bien-être physique, coïncidant avec l'intervention des personnes déjà citées.

Mais la constatation de cette sensation est un acheminement indéniable vers la pensée.

Il est encore à remarquer chez les nouveau-nés, une propension à la sympathie ou à l'antipathie, qui dénote une préférence, donc une pensée.

Tel enfant pleurera s'il est porté par telle personne

et se calmera en passant dans les bras d'une autre :
il existe là un mouvement d'âme indéniable, com-
mandant un sentiment d'appréhension ou de confiance que l'on ne peut se refuser à considérer
comme une manifestation supérieure de l'instinct.

Il existe donc, dès les premiers jours de la vie de
l'enfant, un principe actif et intelligent, qui se sé-
pare nettement de l'animalité, puisqu'il indique une
pensée.

Ceci n'est pas niable, car, dans toutes les occasions que nous venons de décrire, la petite âme du
nouveau-né se trouve soumise à un mode de travail,
qui n'est autre chose que la genèse de la réflexion et
que l'on pourrait qualifier du nom de logique embryonnaire, car l'enfant pleurant dans les bras de
telle personne et se calmant dans les bras de telle
autre, n'obéit pas toujours à un caprice ; il fait parfois preuve d'une logique, dont les causes, ignorées
par nous, n'en sont pas moins réelles.

Il arrive qu'avec les meilleures intentions du
monde, des gens portent un bébé d'une façon maladroite et le tout petit éprouve près de ceux-là un sentiment de gêne physique, dont sa pensée appréhende
la sensation.

Certains bras, au contraire, ont pour lui la douceur, la mollesse et la tiédeur des nids; aussi sa
petite âme rudimentaire se réjouit-elle à l'idée de ce
contact, qu'elle prévoit avec plaisir.

Les âmes des tout petits ne sont guère sensibles
qu'à une sorte d'influence, venant des besoins phy-
siques et de leur satisfaction.

Nous allons cependant les voir très vite régis par

d'autres puissances : celle de l'instinct et celle des passions.

Il ne faudrait pas cependant accorder à la première la place prépondérante qu'on tient trop souvent à lui assigner, car nous venons de voir que l'instinct se nuance toujours d'un germe de réflexion.

Quant à la passion, elle se manifeste presque uniquement dans les premières semaines de la vie, par l'impatience et la colère, déterminant des cris, dont la violence s'exalte par la durée de l'accès.

Là, nous observons le phénomène bien connu, de la passion spontanée, s'alimentant à ses propres sources et accentuant son intensité par la répétition des symptômes qui la produisent.

Les tout petits sont particulièrement soumis à l'empire de la colère, en vertu de cette règle qui fait que quand les passions ne sont pas réprimées, elles trouvent en elles-mêmes des causes d'exaltation, dont la violence s'accentue à mesure que l'émoi s'exaspère.

C'est ainsi que, chez les adultes, l'impatience mal réprimée devient facilement une colère, qui, s'alimentant à ses propres sources, grandit jusqu'à des emportements, que le point de départ de ce mouvement d'âme ne permettait pas de prévoir et ne peut, sous aucun prétexte, légitimer.

Il est donc important de ne point laisser s'implanter chez l'enfant des germes de passion, qui, mal réprimés, seraient appelés à détruire l'harmonie de sa vie.

C'est au moment où ses facultés morales en formation lui permettent à peine de débrouiller le chaos des sensations extérieures, qu'il est bon de lui inculquer les principes d'une volonté qu'il portera inconsciemment en lui, comme la terre à laquelle on a confié le germe d'une abondante moisson.

Nous venons de parler de la colère et nous insistons sur ce sujet, car cette passion est la première qui se fasse connaître chez l'enfant.

C'est donc à ce propos que les parents avisés doivent songer à créer, dans l'âme de leur enfant, l'idée de l'effort vers une vertu, qui sera le but et le terme de tous les actes de la vie : La Volonté.

Si jeune que soit l'enfant, si nébuleuse que soit encore sa compréhension, il n'est pas impossible de le contraindre à esquisser un mouvement de volonté.

Les cris, nous l'avons vu, sont chez lui une manifestation du désir. Il crie parce qu'il a faim, qu'il a sommeil, ou qu'il est tourmenté d'un désir physique, qu'il définit mal lui-même.

Nous faisons, bien entendu, une exception pour les malaises que la sollicitude des parents s'efforcera de dompter le plus rapidement possible, nous parlerons seulement des réclamations bruyantes que les tout petits formulent à tout propos pour exprimer leurs désirs et leurs besoins, et qui, si l'on n'y met bon ordre, se changent vite en cris de colère, dont le crescendo atteint souvent un diapason, propre à troubler la bonne harmonie de leur santé.

Il est juste d'ajouter que la plupart du temps la faiblesse des parents amène la fréquence de ces cris, en les incitant à accorder de suite à l'enfant ce qu'il demande, et ceci dans le but de faire cesser un bruit qui les importune.

Là est la grande faute.

Lorsqu'il est avéré que l'enfant ne souffre d'aucune incommodité physique et que ses cris n'ont d'autre motif qu'une vive impatience, il est du devoir des parents de négliger ces sollicitations trop impérieusement formulées et de n'accorder au petit être la chose qu'il désire que lorsque ses cris se seront apaisés.

Ce sera, pour la petite âme encore informée, une leçon, dont les conséquences peuvent être considérables, car l'enfant se voyant impitoyablement refuser ce qu'il demande en pleurant, comprendra bientôt l'inutilité de ses cris et cette abstention sera pour lui la première ébauche d'un mouvement de cette volonté, qui, par la suite, devra lui être représentée comme le gouvernail, destiné à conduire le vaisseau qui portera sa fortune et son bonheur.

CHAPITRE II

Eclosion de la connaissance

Quelques semaines s'écoulent et l'âme de l'enfant s'affirme : il commence à attacher une idée aux choses qui se présentent à sa vue. On assiste à l'éclosion tous les jours plus marquée de la faculté de penser.

Si obscure et si peu dégagée qu'elle soit des limbes où elle prend naissance, cette faculté se manifeste par des signes qui la montrent plus ou moins embryonnaire, mais existante, sans aucun doute.

Tous les jours ces marques de connaissance se précisent davantage et bientôt, à la constatation de la perception extérieure, on peut joindre celle d'une esquisse de connaissance psychologique, car l'enfant distingue sa personnalité propre de celle des autres.

Il commence à rapporter à sa petite personne toutes les sensations visuelles qui l'intéressent, et, soit qu'il s'agisse d'une chose tangible ou d'un élément, il tend ses petites mains, dans un désir certain de s'approprier ce qui flatte son envie.

A partir de ce moment, les sympathies ou les antipathies de l'enfant ne reposent plus uniquement sur le rappel d'une sensation physique ; un fantôme de raisonnement s'y montre de la façon la plus évidente.

Il sourira à une personne dont la physionomie avenante flatte sa vue et poussera des cris à la vue de quelqu'un, dont le visage dur ou embroussaillé lui paraît redoutable.

Et là encore, il faut voir l'intervention de la connaissance, car, très confusément se lie, dans l'esprit du bébé, l'idée de bonté à celle du sourire et l'idée de crainte à celle de la sévérité.

Il se produit donc chez lui un mouvement d'âme favorable envers la personne souriante et une rétraction spontanée vis-à-vis de l'autre.

C'est à ce moment que la sollicitude des parents doit intervenir, et, après avoir constaté la première apparition de ces preuves de connaissance, les diriger dans le sens qui leur semble équitable, en prenant pour principe le bannissement du caprice, trop disposé à s'installer dans ces petites âmes toutes neuves.

Tout le monde connaît l'anecdote que rappelle Ellen Key.

Un petit enfant pleurait pour saisir la flamme d'une bougie, dont l'éloignement prudent redoublait ses cris. Cependant, profitant d'un moment d'inattention, coïncidant avec le rapprochement momentané du flambeau, l'enfant avança son petit doigt, qui fut légèrement brûlé.

A partir de ce moment, il comprit que cette

flamme qui l'émerveillait, recélait une souffrance pour ceux qui l'approchaient de trop près et il s'abstint d'en rechercher le contact.

Il est donc bon d'apprendre aux tout petits que la réalisation immédiate d'un désir peut être suivie d'une douleur.

Avec les semaines, la tâche devient plus facile, car maintenant, l'enfant tente d'interpréter sa pensée encore mystérieuse, pour lui-même et pour tous.

Il n'est plus isolé du monde par le silence des premiers jours ; maintenant sous l'empire d'un désir quelconque, son visage s'anime, son regard s'assure, ses gestes se précipitent et il les ponctue par des exclamations qui sont une ébauche de traduction de la pensée.

Quelques semaines encore et une syllabe sortira de ses lèvres.

Et, à ce sujet, il est bon de détruire une légende, charmante sans doute, mais complètement erronée, qui veut s'émerveiller de ce que les premières syllabes prononcées par l'enfant soient celles qui forment les noms des parents.

Les cœurs simples s'attendrissent et admirent les mystères de la nature qui savent si bien s'accorder avec ceux de l'amour filial.

Au risque de froisser ces naïves illusions, il est cependant nécessaire de rétablir la vérité, aux dépens du pieux mensonge.

C'est parce que les enfants prononcent avant toutes les syllabes celles dont sont formés les noms familiers du père et de la mère, que, dans l'intimité de la famille, ceux-ci ont pris ce nom. C'est parce

que les petits babultient avant tout : Mama, Papa,
que les parents se sont, depuis les premiers âges, dé-
cerné ces deux noms, heureux de se sentir désignés
par leurs enfants, qui n'en peuvent guère prononcer
d'autres.

Il faut, du reste, à l'enfant, un certain temps pour
discerner sa *Mama* à lui du groupe des autres femmes
qu'il appelle ainsi.

Il reconnaît parfaitement sa mère et, ni sa vue, ni
son intelligence ne la confondent, mais dans son
petit cerveau rudimentaire, toutes les femmes se
groupent sous une désignation : *Mama*.

Il en est de même pour son père; lorsqu'il est
parvenu à établir la différence existant entre celui-
ci et sa mère, il le classe dans la catégorie des autres
hommes, qui, pour lui, deviennent tous des *Papa*.

Ainsi que pour sa mère, il différencie le sien
d'entre les autres hommes, mais il manque d'expression pour le distinguer.

On le voit, ces syllabes mal articulées sont déjà
l'écho d'une pensée, qu'il s'agit de dégager de sa
gangue, avant de songer à lui donner le développement et l'harmonie désirés.

De même que l'on a, dans les premières semaines, semé le germe de la volonté dans la petite
âme vierge encore, on n'attendra pas plus longtemps pour éveiller chez l'enfant le sentiment des
responsabilités.

Le mot semblera peut-être disproportionné, vis-
à-vis d'un si petit être; cependant il faut l'admettre
ici dans toute sa valeur.

Avec les premières lueurs de l'intelligence, il est

bon d'éveiller le sentiment d'une direction propre et non celui d'une passivité regrettable.

Il est une habitude dont l'on ne saurait assez redouter les conséquences, c'est celle de beaucoup de parents, qui, pour apaiser la douleur de leur enfant, pensent détourner son chagrin en l'irritant contre l'objet cause de ce léger mal.

Que de fois n'a-t-il pas été donné à chacun de nous d'assister à l'incident suivant:

Un bébé, dans un mouvement, dont il ne peut calculer la portée, se heurte à un objet : chaise, table ou meuble quelconque. Aussitôt la mère s'approche de la chose inerte, et, prenant la main du petit l'incite à la frapper en lui disant : « Bats-là la méchante chaise qui t'a fait mal ».

Ce système d'éducation est un des plus déplorables, pour plusieurs motifs, car les parents qui le mettent en pratique commettent aussi plusieurs fautes dont les principales sont :

L'éveil de l'idée de vengeance.

L'appel à l'injustice.

La négation des responsabilités.

La déformation du jugement.

L'enfant se trouve ainsi sollicité par le désir de rendre le mal pour le mal et ce mouvement qu'on lui fait produire vis-à-vis de l'innocente chaise, il ne manquera pas de le répéter contre tout ce qui le contrariera ou le gênera.

La distinction du juste et de l'injuste ne pourra lui apparaître nettement, si sa mère, qu'il doit regarder comme la directrice absolue de ses actes, lui fait admettre qu'il ait besoin de punir un objet qui n'est pour rien dans la sensation qu'il a éprouvée, puisque, en bonne justice, c'est plutôt la chaise qui pourrait se plaindre d'avoir été heurtée inconsidérément. Il a donc *fait du mal* à la chaise et non la chaise à lui, et, si la chaise s'est inconsciemment vengée, il n'a qu'à se plaindre de sa maladresse.

En agissant ainsi, on atrophie le sentiment des responsabilités dans l'âme de l'enfant, et on l'habitue à attribuer à des causes étrangères, des maladresses qui ne doivent être imputées qu'à lui seul.

C'est encore une façon d'annihiler en lui le sens de la direction des actes, que d'admettre qu'il n'est en rien responsable d'un mal qu'il a produit lui-même.

Enfin, c'est enrayer la formation de son jugement en arrêtant l'évolution de la réflexion, de laquelle doit naître le sentiment de la préservation, qui, dans les cerveaux en formation, est la genèse des actes de volonté réfléchie.

Les parents avisés auront donc soin de faire comprendre autant qu'il leur sera possible au petit enfant que les objets inanimés ne méritent pas sa colère et que lui seul est fautif.

Peu à peu cette correction s'implantera dans son âme, qui, confusément d'abord, puis un peu plus clairement ensuite, comprendra qu'il dépend de lui de ne pas souffrir de telle ou telle façon et évitera le retour des gestes qui ont amené une douleur pour lui.

Et ceci sera la première ébauche du sentiment des responsabilités, si précieux dans la vie future de la petite créature, dont on cherche à modeler l'âme.

A partir de ce moment, les parents qui se sentent à la hauteur de leur mission, s'efforceront de faire germer dans le petit cerveau des idées généreuses, se traduisant par la répression des mouvements égoïstes et l'exhortation à la soumission concernant les choses inévitables.

Dans cette période, il est indispensable d'apprendre à l'enfant à discerner les choses permises de celles qui ne le sont pas.

Nous avons déjà vu qu'il était possible de lui faire comprendre, dès le premier éveil de l'instinct, de quelle façon il est nécessaire de demander afin d'obtenir.

Cependant, après avoir banni la colère inutile, il est une autre tendance à réprimer. Trop de parents habituent les petits à s'humilier pour entrer en possession de l'objet désiré. On leur dit en montrant la chose convoitée : « Fais une caresse et tu l'auras », ou encore : « Fais ceci et je te donnerai un bonbon ».

Cette méthode est déplorable en ce qu'elle fait naître chez l'enfant l'idée d'un marché et supprime sa bonne volonté naturelle. Elle a encore l'inconvénient de former les tout petits à l'idée de la dissimulation. Au lieu d'acheter leurs caresses par des offres intéressées, ne vaut-il pas mieux les provoquer par la sollicitude et la bonté loyale, dont les bébés ressentent confusément une influence destinée à déterminer chez eux ces mouvements spontanés, dans lesquels se fait jour la qualité de leur âme ?

CHAPITRE III

Chanson de nourrice et Contes bleus

L'âme de l'enfant entre maintenant dans la période de plus complète réceptivité ; il comprend les paroles qui sont proférées devant lui, lorsqu'elles désignent des objets familiers ou qu'elles définissent les actes qu'il effectue ou voit effectuer autour de lui.

Ces paroles, il cherche à les répéter, dans un gazouillement, d'abord assez imparfait, que les initiés seuls comprennent du premier coup.

Là encore, nous voyons beaucoup de parents commettre la faute de répondre aux petits dans le langage spécial qu'ils ont inventé, au lieu de s'appliquer à les corriger doucement, en répétant, sans le défigurer, le mot que l'enfant ne peut encore prononcer correctement.

C'est ainsi qu'on entend des parents tenir aux enfants des discours de ce genre :

Quand bébé bien mamé la bonne poupoupe il ira à dada ; ce qui pour les profanes signifie :

« Si tu manges bien la soupe, tu iras te promener ».

C'est une grosse erreur de penser qu'en parlant ainsi aux enfants on pénètre plus avant dans leur âme ; on en retarde l'épanouissement, voilà tout.

Il est certain que le tout petit, habitué à entendre appeler un cheval *dada*, un gâteau *tolo*, ses aliments une *poupoupe*, sa coiffure un *peau-peau*, ne peut concevoir qu'il existe pour ces choses une appellation différente ; c'est donc retarder pour lui le moment de la compréhension, que de répéter les mots défigurés, tels qu'il les profère lui-même.

C'est, en outre, imposer un effort inutile à son petit cerveau, car c'est doubler l'enseignement des mots, et, partant de là, lui faire produire un plus grand travail de mémoire, quand il s'agira pour lui d'apprendre que le *dada* est un cheval, une *poupoupe* de la soupe et que l'acte de *mamer* se traduit par le mot manger.

On objectera que ces syllabes sont difficilement prononcées par les jeunes enfants. Cette observation est fort juste et il ne s'agit pas de leur demander la perfection dans la prononciation du début. On doit simplement leur éviter un labeur supplémentaire, en désignant du premier coup les objets par leur nom et en imposant la même règle à ceux qui les entourent.

Il arrivera que l'enfant s'exercera à répéter le mot entendu, aussi bien qu'il s'efforce de redire les syllabes informes que la puérilité de bien des parents leur enseigne.

Au lieu de dada il cherchera à prononcer cheval, il dira a, puis al, puis çal et il parviendra ainsi à prononcer le mot propre, avec infiniment plus de facilité que s'il devait se livrer à l'opération complexe, consistant à oublier le premier mot appris, pour le remplacer par un autre, dont, très souvent, la terminologie est entièrement différente.

Il est nécessaire, avant tout, d'éviter de semer dans les âmes toutes neuves, le doute, sous quelque forme qu'il se présente.

L'enfant apprendra trop tôt à connaître la funeste hésitation. Il est bon que ceux qui ont adopté la lourde tâche de pétrir son âme, lui épargnent de leur mieux le malaise qui se dégage toujours de ce défaut.

C'est encore une forme de la volonté, dont aucun éducateur ne doit négliger la culture, sous les apparences les plus humbles et les moins significatives. Or il est mauvais de mettre es âmes faibles dans la nécessité de choisir. Ce devoir qui plus tard, deviendra pour l'adulte une faculté enviable, ne sera pas inutilement imposé au tout petit, qui doit trouver toutes tracées, les voies dans lesquelles il s'engagera, avec d'autant plus de sécurité, qu'il n'apprendra que plus tard, l'existence des chemins parallèles ou divergents.

C'est encore à ce sentiment de droiture et de sécurité morales que l'on obéira, en interdisant à la nourrice ou à la servante qui soigne l'enfant de chanter, pour l'endormir, des chansons ou des refrains, dits « à la mode » et qui tous sont empruntés au répertoire des cafés-concerts et des music-halls.

Beaucoup de parents souriront de l'objection en disant : « Il ne comprend pas ». Mais alors, pourquoi meubler inutilement le cerveau des tout petits de choses qu'ils ne *peuvent* pas et — en tous cas — ne *devraient* pas comprendre.

Manque-t-il, dans aucune langue, de berceuses jolies ou de rondes naïves, dont les paroles et les idées sont faites à la mesure de leur esprit et de leur compréhension ?

Puis, il faut bien en convenir, ils ne comprennent pas, mais ils répètent, ils balbutient les mots des refrains ineptes que leur chante leur bonne et s'endorment avec des visions confuses, de choses qui n'éveillent en eux aucune idée profitable, en attendant que les paroles prennent un corps et se retracent sur l'écran de leur cerveau en visions, assurément très éloignées de la brutale réalité qu'elles expriment, mais dépourvues cependant de la fraîcheur et de la vérité charmantes que reproduisent les berceuses et les rondes enfantines.

Les parents qui restent insoucieux devant cet état de choses, ou qui ont la faiblesse de sourire, en entendant bébé chercher à répéter une de ses insanités, sont semblables au laboureur, qui, en ensemençant son champ, se plairait à mélanger l'ivraie au grain qu'il confie à la terre.

Celui-ci verrait sans tarder se développer, autour des tiges fertiles, tant de plantes nuisibles et parasites, que, malgré ses efforts multipliés, elles ne manqueraient pas de compromettre l'heureuse issue de la récolte.

La trop grande jeunesse de l'enfant ne peut jamais être le prétexte d'un tel manque de prévoyance, et l'on ne peut donner une raison valable à ces négligences. Puisqu'il est bien entendu qu'il ne peut

comprendre, pourquoi charger sa jeune mémoire
d'inutilités? N'est-il pas à redouter encore que les
paroles, aussi souvent répétées, ne soient pour lui
le prétexte d'un travail vain de compréhension, dont
la fréquence peut occasionner une lassitude mentale,
préjudiciable aux autres acquisitions?

L'âme du tout petit enfant doit être considérée
comme un terrain, chacune des parcelles en sera
soigneusement ensemencée de grains choisis, dont
la germination ne provoquera que des efforts utiles
et profitables pour les récoltes à venir.

C'est dans cette pensée que l'on doit encore faire
une sélection dans les contes, dont les nourrices se
plaisent à bercer l'enfance.

C'est dans l'influence de ces contes, qu'il faut
chercher la formation de bien des tares, que l'on
doit combattre plus tard.

La peur, l'exagération sentimentale, l'habitude de
la rêverie et la tendance à déplacer les réalités, sont
les résultats ordinaires de ces récits, que les parents
superficiels jugent inoffensifs.

Il en est certes, dans le nombre, qui ne peuvent
amener chez l'enfant que des réflexions saines et
profitables, mais combien d'autres sont nuisibles au
premier chef!

Avant tout, il faut écarter impitoyablement ceux
où il est question de revenants, d'ogres ou de choses
terrifiantes : ceux-là ont pour effet certain de développer dans l'esprit des enfants un sentiment avec
lequel il faudra bientôt entrer en lutte : celui de la
peur.

On ne pense pas assez à ce que peut être l'émoi

d'un tout petit, dans l'esprit duquel on sème des visions d'ogres mangeant les enfants d'une seule bouchée.

Ces narrations ne peuvent aboutir qu'à deux solutions : Dans le premier cas, l'enfant croit à la vérité du conte et il s'entoure d'une atmosphère de terreur, qui peut être aussi préjudiciable à sa santé physique qu'au développement de ses facultés morales.

S'il doute de la réalité de ce qu'on lui raconte, cet autre résultat n'est pas moins déplorable, car il s'accoutume ainsi à soupçonner la véracité des dires de ceux qui doivent former son âme, et l'autorité de leurs conseils s'en trouvera atténuée d'autant.

Il est, en outre, très dangereux de créer autour de l'enfant que l'on veut élever d'une façon rationnelle et forte, une ambiance de merveilleux, qui, plus tard, lui fera paraître fades les réalités de l'existence.

Pourquoi accoutumer l'esprit de l'enfant à l'idée que, dans les cas difficiles, une fée surgit pour tirer du péril et combler de dons celui qui croit en elle ? N'est-il pas plus juste, au contraire, de lui inculquer, dès la toute petite enfance, le principe des responsabilités, tendant à le persuader qu'il doit être lui-même le propre artisan de son bonheur et qu'il ne s'agit pas d'attendre l'intervention d'une fée, mais de travailler soi-même pour le construire ?

Si l'on voulait remonter aux origines des tendances mentales, on s'apercevrait que la croyance de tant de gens en cette entité qu'ils appellent « la Veine » n'est pas autre chose qu'un reste de la conviction d'autrefois, faisant espérer au petit enfant l'intervention de la fée, dont sa nourrice lui avait si bien démontré l'existence, que, devenu grand, il a éprouvé le besoin de la remplacer par une autre mystérieuse bienfaitrice, dont l'appellation est plus moderne, mais l'existence non moins chimérique.

Aussi que de déceptions se préparent ceux qui ne peuvent arracher de leur croyance cet espoir de merveilleux que les contes y ont jadis semé ! et combien sont coupables les parents qui ont laissé s'implanter dans l'âme de leurs enfants cette foi en une médiation mystique, ennemie des efforts sérieux et des résolutions viriles !

Chez les enfants du sexe féminin, le danger des contes s'aggrave du rêve dans lequel apparaît le prince Charmant.

Que de pauvres filles ont dû leur misère actuelle et leur déchéance à leur foi dans la venue de ce prince de légende, qui, non plus que la fée, n'a daigné apparaître dans leur existence.

Il arrive parfois encore, qu'un puissant besoin d'illusion crée ces personnages fantastiques, en revêtant de leurs haillons dorés des êtres qui ne leur ressemblent en rien. Et la chute est d'autant plus douloureuse pour les illusionnés que le rêve les avait emportés plus haut !

On objectera peut-être que la vie étant si difficile pour tant de gens, il est bon de la fleurir dès le début, afin d'en masquer les réalités pénibles aux jeunes êtres destinés à les affronter ?

Agir ainsi, c'est cacher à de futurs combattants la vue de l'ennemi, qui, les suprenant sans armes, en aura bientôt raison.

Ceux qui raisonnent de la sorte, apprécient mal la vie ; elle recèle assez de beautés pour qu'il soit inutile d'en inventer de mensongères.

Le point de départ de tous les raisonnements de ceux qui veulent former une âme, doit être celui-ci : Le mensonge est haïssable, l'illusion est un danger, la vérité est assez belle par elle-même, pour qu'il soit inutile de la parer d'oripeaux, qui tombent en poussière, dès que l'on y porte le bout du doigt.

CHAPITRE IV

Le danger des punitions non raisonnées

Si les éducateurs de la première enfance voulaient être sincères vis-à-vis d'eux-mêmes, ils s'avoueraient que la punition imposée à l'enfant n'est pas toujours dictée par le souci de son amélioration et que l'impatience où les jettent le caprice et la rébellion du petit être sont très souvent les causes directes de leur arrêt.

Cette faute est d'autant plus grave que, la plupart du temps, la désobéissance de l'enfant peut être imputée à la faiblesse de son éducation, c'est-à-dire à la faillite de volonté de l'éducateur.

L'enfant ne naît pas mauvais ; il vient parfois au monde avec le principe de certains penchants blâmables que l'atavisme a semés en lui, mais qu'une sollicitude constante étouffera dans le germe, avant toute tentation d'éclosion, si ceux qui l'entourent savent discerner les indices concernant cette menace de germination.

Nous avons démontré que, si jeune qu'il soit, il est possible de faire comprendre à l'enfant, l'inutilité de

certaines manifestations, puisqu'en les produisant
il n'obtiendra jamais la satisfaction de son désir.

Dans sa petite âme instinctive, cette idée s'implantera donc, d'une façon confuse assurément, mais
très primitive quand même; puis, les jours succé-
dant aux jours, et; chacun d'eux amenant avec lui
sa parcelle de progrès mental, il en viendra très vite
à se convaincre de la nécessité d'abandonner l'habitude des manifestations, qui ne font que retarder
l'accomplissement de son désir.

Cet assouplissement moral que nous avons déjà si-
gnalé comme une esquisse de la vertu de Volonté, lui
permettra de comprendre les perfectionnements que
l'on attend de lui. Nous ne saurions assez le répéter,
l'âme de l'enfant est une substance éminemment
malléable, et si elle ne devient point telle qu'on la
voudrait, c'est que l'éducateur a manqué de génie
quand il a entrepris de la sculpter.

C'est en poussant ce raisonnement à l'extrême
qu'on se mettra en garde contre le danger des punitions qui, en réalité, ne devraient pas s'attribuer toujours à l'enfant, mais parfois à celui qui a assumé
la lourde tâche de le former.

Il est donc indispensable qu'avant de punir, les
parents se livrent à un sévère examen de conscience
et se demandent loyalement s'ils ont fait tout ce
qui était indiqué pour empêcher l'éclosion du défaut
qu'ils réprouvent.

Ils devront encore convenir vis-à-vis d'eux-mêmes
de la similitude de ce penchant répréhensible avec
celui qu'ils savent mal réprimer en eux, et si, après
un interrogatoire franc, ils doivent convenir que cette

tare est aussi la leur, ils songeront avant tout à la
faire disparaître en eux et travailleront à l'enrayer
chez leur enfant, au lieu de le punir d'un mal qu'ils
lui ont inculqué.

Quelle leçon d'apaisement peuvent donc octroyer
les parents qui, impatientés des cris d'un enfant, le
punissent en le fouettant?

Ils lui démontrent simplement ainsi, que la patience leur est inconnue et ils s'interdisent de l'y
exhorter avec fruit.

De plus, ils font pénétrer dans la petite âme l'idée de
la vengeance et celle des représailles.

L'enfant ne se dit pas : « On m'a puni parce que je
faisais une chose répréhensible », mais, en constatant la colère et le mouvement d'impatience des
parents, il s'éveillera dans sa pensée embryonnaire,
l'idée d'un mal rendu pour celui qui fut reçu.

Comment peut-il en être autrement quand l'enfant entend dire : « Veux-tu te taire ! » «Tu m'im-
patientes! » et quand le visage courroucé des parents lui apparaît, précédant de peu la correction.

Il est impossible qu'il ne se dise pas : « Je les ai en-
nuyés, ils se sont vengés ».

Et la répétition de ces mouvements d'impatience,
estompe peu à peu la tendresse des tout petits, en
même temps que, dans leur âme, des idées hostiles
se formulent.

Il est, du reste, à remarquer que les corrections
manuelles n'ont jamais fait naître d'autre sentiment
que ceux de la crainte, de la dissimulation et de la
rancune; jamais aucune amélioration réelle ne s'est
produite à la suite de punitions de ce genre. Le rai-

sonnement seul, et, ce que l'on pourrait appeler les
leçons de choses, c'est-à-dire celles de l'expérience,
démontrent aux petits êtres la vanité de leur désobéissance et l'avantage qu'ils retireront à ne point
retomber dans leur faute.

Il est un autre genre de punition que l'on déclare
volontiers bénin et qui peut cependant entraîner de
déplorables conséquences : c'est celle qui consiste
à envoyer les enfants se coucher et à les maintenir au
lit, au moment où il n'est pas l'heure de dormir.

On sait l'appréhension que tous les enfants ressentent en ce qui concerne l'idée de dormir ; il en est très
peu qui consentent de bonne grâce à se laisser coucher, car ceci marque pour eux une interruption
dans leurs jeux, une séparation certaine de ceux qui
les entourent et un isolement, qui leur semble parfaitement maussade.

C'est sur cette répugnance que spéculent les parents qui se servent de ce moyen de répression.

On ne doit pas se dissimuler qu'il présente de sérieux dangers. Nous passerons sous silence ce qui a
trait à la santé physique, car on sent que l'enfant
dans ses premières années ne doit être condamné à
l'immobilité que pendant les heures du sommeil ;
mais en considérant cette punition au point de vue
moral, nous trouverons un danger véritable dans la
situation du bébé, mis au lit, alors que le sommeil
ne doit pas le visiter.

Suivant la pente de son caractère, il concevra du
ressentiment envers ses parents ou de l'indifférence
pour la punition.

Dans le premier cas, la solitude aidant, l'enfant

échafaudera tout un plan de vengeance et l'affection
qu'il conçoit pour les siens s'en trouvera amoindrie.
Il sortira de son lit avec un sentiment de rancune,
que l'isolement n'a pu que fortifier et la punition,
si elle se renouvelle, le trouvera rebelle et tout prêt
à entrer en lutte avec ceux qui la lui infligent.

Il peut encore se faire que le caractère de l'enfant
comporte une fierté moindre, qu'il pleure, qu'il s'hu-
milie et conjure ses parents de lever la punition.

Cette solution ne sera pas moins regrettable, car
le sentiment de la dignité se trouvera ainsi atrophié
dans son âme, dès le début de la vie et il est rare
qu'il ne conçoive pas une certaine rancune contre
ceux qui l'ont obligé à les implorer.

Il arrive encore — et c'est peut-être le pis — que
l'enfant subisse avec indifférence la punition du lit.
Il est même des natures apathiques et paresseuses
qui ne se trouvent pas mal de cette inaction forcée.

Est-il besoin d'insister pour dire à quel point il est
déplorable de les encourager dans cette voie ? Si l'indifférence est déterminée par la haine du mouvement,
cette répression ne fait que servir la paresse en l'en-
courageant à se produire ; si elle est purement morale,
le devoir des éducateurs serait d'en chercher la
source, afin d'en réprimer les causes.

L'indifférence, en ce qui concerne la punition du
lit, peut se rattacher à une apathie, qu'on ne saurait
assez combattre, car elle est l'indice certain d'une
ignorance profonde du sentiment de dignité.

Elle provient encore d'un autre motif : le souvenir agréable qu'ont laissé les punitions identiques,
en facilitant le rêve tout éveillé.

Cela est un écueil que l'on ne prévoit pas assez.

Dès que l'enfant commence à parler et à comprendre, il crée autour de lui tout un monde de petits personnages, dont la plupart sont évadés des contes ; il en peuple sa solitude et les fait mouvoir selon sa fantaisie.

Pour se convaincre de ceci, il n'y a qu'à écouter babiller un petit enfant qui se croit seul ; son imagination est plus riche que celle de n'importe quel romancier ; il attribue une vie propre à un chiffon de papier, à un morceau de bois, à l'objet qui lui tombe sous la main ; la première loque venue lui est un manteau de cour et le moindre débris lui sert de diadème.

Même lorsqu'il peut apprécier la différence des valeurs, il préférera un haillon qu'il drape à sa fantaisie, à un vêtement, infiniment plus beau, dont il ne pourra changer l'attribution.

Il est donc très imprudent de laisser, pendant des heures entières, l'enfant livré aux fantasmagories de son imagination. Il contractera là des habitudes de rêverie inutile, qui le disposeront plus tard à répondre au premier appel de la chimère.

Si nous avons particulièrement insisté sur les inconvénients de cette dernière punition, c'est qu'elle est une de celles que l'on considère comme inoffensives, et que beaucoup de parents sont enclins à l'employer de préférence à toute autre.

On ne saurait assez conseiller aux éducateurs d'éviter les punitions. Si cependant la nature difficile d'un enfant les forçait à sévir, ils ne devraient jamais le faire sans s'être sévèrement interrogés, afin de savoir si leur geste n'adopte pas un caractère de représailles.

S'ils y démêlent la moindre parcelle d'impatience, de recherche d'apaisement personnel, de rancune, si légère soit-elle, qu'ils s'abstiennent !

Dans tous les cas, une punition ne doit jamais être imposée sous le coup de l'énervement ou de la colère ; elle doublera d'efficacité si elle est appliquée dans le calme car elle prendra aux yeux de l'enfant, non plus l'aspect d'une vengeance individuelle, mais celui d'une conséquence inéluctable de son insoumission et de ses défaillances.

CHAPITRE V

L'Art de jouer

On ne saurait trop tôt s'attacher à démontrer cet art aux enfants.

Cet enseignement doit, bien entendu, leur être inculqué sans qu'ils se doutent de la leçon, et c'est sous cette condition seulement qu'il conservera toute son efficacité.

Il serait très maladroit d'ériger ces conseils en une sorte de cours, dont le résultat serait de dépouiller les jeux de tous leurs attraits.

Puis il faudrait attendre pour cela que l'enfant soit en âge de comprendre, et, à ce moment, il aurait déjà contracté des habitudes qu'il serait certainement nécessaire d'enrayer.

Le mieux est donc de diriger les premiers jeux en vue de ce principe et de s'étudier à empêcher que la satiété ne se produise, avant l'épuisement de la joie qu'un enfant en peut tirer.

Ce qui provoque le plus généralement l'ennui ou l'indifférence chez l'enfant est la versatilité inhérente à son caractère.

C'est donc dans ce sens que ses éducateurs doivent

diriger leurs efforts, en l'empêchant de déflorer tour
à tour les délassements qui lui sont offerts, en sorte
qu'il en vienne à les dédaigner, avant d'en avoir
compris le charme véritable.

Pour mieux comprendre la vérité de cette affirmation, il suffit d'observer les enfants pauvres ; en
voyant leur application à jouir d'un jouet unique, on
se convaincra très facilement de la nécessité qu'il y
a à ne pas multiplier les joujoux ou, tout au moins,
à ne les faire apparaître que chacun à leur tour, si
aucune idée ne les rallie entre eux.

Par exemple on ne laissera pas à un enfant des
soldats de plomb et un cheval de bois à la fois, car
ces deux animaux représentent chacun des attributions diverses ; donc deux jeux différents.

Mais on ne séparera pas un cheval d'une voiture,
quand même ils ne seraient pas destinés à être atte-
lés ensemble.

La raison de ceci est qu'il est bon que, même
pendant les heures du jeu, le cerveau des enfants
travaille à une besogne précise : or, le cheval suggé-
rera à son petit propriétaire, l'idée de l'attacher à la
charrette : ce sera une leçon de choses. La dispropor-
tion des deux choses sera encore un enseignement
pratique, puisqu'il lui apprendra à mesurer la taille
et la capacité des objets par rapport à leur nature res-
pective.

Chaque joujou devra encore être pour l'enfant un
sujet d'observation. C'est en lui apprenant les particularités caractérisant chacun d'eux qu'on l'intéressera, suivant son âge et son degré de compréhension.

S'il s'agit d'un animal en carton on exercera le

petit, s'il est très jeune, à en reconnaître l'espèce vivante. Plus tard, on lui expliquera quels services il peut rendre et on lui dira quelle est sa principale destination.

L'enfant s'intéressera ainsi forcément à ses jouets, qui cesseront de lui représenter des formes quelconques, et prendront dans sa vive imagination une importance qui les fera en quelque sorte participer à sa vie.

C'est encore le moyen de fixer plus longtemps son attention sur le même objet et de prolonger ainsi la joie qu'il recueille de cette distraction.

En aucun cas on ne devra laisser le petit être prendre un jouet, le rejeter pour en reprendre un autre, avant de passer à un troisième, qu'il dédaignera aussitôt, car de cette façon l'enfant se trouvera avoir très vite parcouru le cycle de ses plaisirs, et, de plus, il prendra des habitudes de versatilité, dont l'accoutumance peut faire obstacle à l'éclosion du vouloir conscient, qui devra présider à tous les gestes de sa vie.

Il est encore une tendance que l'on ne saurait trop réprimer chez les enfants qui reçoivent un jouet; c'est une sorte de besoin instinctif qui les pousse à changer la destination de l'objet.

Si on ne les en détourne pas doucement, ils attelleront un cheval à un chemin de fer mécanique et traîneront celui-ci par une ficelle au lieu de le faire manœuvrer.

Beaucoup de parents regardent cela d'un œil indifférent et trouvent que « du moment où le petit s'amuse » tout est bien.

Non, tout n'est pas bien, car l'amusement ainsi compris sera d'autant bref que la saveur de toutes ces distractions se trouvant émoussée, elles cesseront très vite de présenter un intérêt intelligent et l'enfant les délaissera, alors qu'il aurait pu en retirer un plaisir plus long, plus complet, et, disons-le, surtout, plus instructif.

Le résultat de ces caprices est presque toujours la destruction partielle du jouet, qui perd ainsi toute valeur morale et passe à l'état de débris sans avoir rempli son rôle de passe-temps agréable.

Une autre tendance, contre laquelle on ne saurait assez réagir, est le désir de curiosité, qui pousse les enfants à démolir leurs jouets pour *voir ce qu'il y a dedans;* les petites filles se plaisent à ouvrir le corps de leur poupée pour voir ce qu'il recèle, tandis que les petits garçons démolissent volontiers leurs jouets mécaniques pour connaître la cause de leur motivité.

Si ce geste ne traduisait qu'une curiosité il serait certes nécessaire de l'empêcher de se produire, car il aboutit à la destruction inutile, mais il recèle presque toujours un peu de l'animalité dormant dans chaque être, que les conventions de la civilisation n'ont point atteint encore.

C'est donc à ce point de vue qu'il devient indispensable de le réprimer.

Cela sera facile aux éducateurs intelligents, qui sauront éveiller chez l'enfant le regret de l'objet anéanti par sa propre volonté, soit en faisant constater son état lamentable, soit en le supprimant, en raison de cet état, et *en se gardant bien de le remplacer par un jouet semblable.*

C'est la meilleure façon de faire comprendre sa faute à un enfant destructeur. Si les parents savent entretenir en lui le souvenir de l'objet, l'enfant ne tardera pas à le regretter vivement et il n'oubliera pas la leçon, lorsqu'on saura lui faire comprendre qu'un objet, *volontairement* endommagé, *ne se remplace pas*.

Il naîtra de ce petit enseignement une idée de respect pour les autres jouets qui sont en possession de l'enfant et quand ces derniers subiront le sort commun à tous les objets destinés à l'amusement du premier âge, il y a grandes chances pour qu'ils soient victimes d'accidents dus à la maladresse et non à la malveillance de leur petit propriétaire.

L'idée de bonté est celle qu'il faut chercher à inculquer à ces petits êtres, si près de la nature, que le moindre sentiment de revendication les dresse les uns contre les autres, prêts à la lutte, s'ils se sentent forts, aux larmes, s'ils ont conscience de leur faiblesse.

C'est pourquoi, des éducateurs avisés doivent, avant tout, prescrire les jeux où il est question de guerre et de bataille.

Les psychologues ont souvent observé que les signes extérieurs d'un sentiment, s'ils sont répétés avec application, finissent par faire surgir ce même sentiment, quand bien même il serait éloigné de l'âme à l'instant où on le mime.

Ces remarques ont été souvent faites au sujet de la colère qui, représentée physiquement par un homme parfaitement calme, finit par s'emparer de lui au point qu'il lui devient impossible de se maîtriser.

Que doit-il donc advenir des petits qui jouent à la guerre?

Peut-on supposer que leur frêle imagination échappera à l'influence qui terrasse un homme fait?

Ne peut-il survenir, dans ces combats feints, une minute d'emportement, dont l'issue serait fâcheuse?

Enfin pourquoi laisser les enfants s'exercer à la haine et la menace? N'est-il pas pour eux des occasions meilleures de développer leurs qualités d'endurance?

Nous en dirons autant pour les jeux où il est question de voleurs et de gendarmes.

N'est-on pas révolté à l'idée que le tout petit qui fait le voleur cherchera, pour quelques instants, à assouplir son âme au désir de ruse qui doit habiter celle du bandit qu'il représente? Et ne pense-t-on pas qu'il n'en peut résulter pour lui qu'une infiltration de pensées répréhensibles et d'aspirations blâmables?

L'art de jouer, quand il est enseigné sagement par des éducateurs conscients de leur mission, peut avoir sur l'existence future des tout petits une influence bienfaisante, qui se traduira par des pensées d'ordre, de bonté et de volonté directrice.

DEUXIÈME PARTIE

CHAPITRE PREMIER

Les prémisses du raisonnement

Avec les premières lueurs du raisonnement, commence pour l'enfant une vie toute nouvelle.

Il perçoit les événements, en en dégageant une morale purement basée sur les sensations extérieures, qui dominent et ordonnent ses pensées.

Les contingences sociales et les mensonges de la civilisation ne l'atteignent point encore, aussi, s'il est doué d'une certaine sensibilité d'âme, se trouve-t-il enclin à se créer une morale spéciale, uniquement basée sur le résumé des impressions qui lui viennent des sens.

Arrivé à cette période de développement mental, l'enfant surprend parfois par des remarques d'une logique, dont la brutalité jette dans l'embarras ceux qui sont chargés de lui fournir des éclaircissements, à portée de sa jeune compréhension.

Il se fabrique une morale primitive, qu'il devient parfois difficile de combattre par des arguments propres à le convaincre, car il formule ses réflexions par une remarque qui pourrait parfois passer pour un jugement décisif.

Par exemple, il admet difficilement que tout ce qui est beau ne soit pas bon.

Un enfant voit une plante vénéneuse, dont les couleurs caressent agréablement sa vue ; il fait pour s'en emparer et la porter à sa bouche un mouvement que sa mère arrête en disant :

— Cela te rendrait malade.

— Pourquoi ?

— Parce que cette plante contient un élément qu'on appelle poison et cela donne des grandes douleurs.

— Et ça ? dit bébé en montrant des cerises qu'on vient de lui donner.

— Cela est bon, au contraire, et ne fait pas de mal.

Le petit réfléchit un instant et dit d'un air profond en désignant la fleur dangereuse :

— Pourquoi ça pousse ?

Il est certain que pour les éducateurs mal préparés, cette logique est implacable et ceux-là restent cois ou s'en tirent, ou plutôt s'imaginent s'en tirer en répondant :

— Tu ne pourrais pas comprendre... Ce sont des choses que les petits enfants ne comprennent pas... parce que c'est comme cela... ou toute autre réponse dilatoire.

Quelques-uns conviennent : « Je ne sais pas ». Et c'est une faute grave, car cet aveu d'ignorance ébranle la confiance de l'enfant en l'autorité de son mentor.

Le mieux est de toujours lui dire la vérité, on se

servant de termes qu'il puisse comprendre ; quand bien même l'explication resterait nébuleuse pour lui ce jour-là, la semence jetée dans sa petite âme ne peut manquer de porter ses fruits.

Ainsi dans le cas que nous venons de citer plus haut, on lui apprendra en quelques mots, choisis parmi ceux qui peuvent, par leur simplicité, frapper son intelligence, que la plante vénéneuse possède cependant des principes curatifs et qu'elle a son utilité dans la nature.

Dans tous les éclaircissements qu'on donnera à l'enfant, on s'efforcera toujours de se rapprocher le plus possible de la vérité, en éveillant en lui le sentiment des responsabilités et en faisant naître l'idée d'une volonté directrice, modifiant les circonstances et les choses.

Nous donnerons comme exemple ce dialogue d'un père et d'un tout jeune enfant.

— Tiens, bébé, voilà un sou, va le porter au petit pauvre que tu vois là.

— Qu'est-ce que c'est un pauvre ?

— C'est quelqu'un qui manque de tout ce que tu as ; il n'a pas d'habits chauds et commodes et ne peut pas toujours manger à sa faim parce qu'il n'a pas de sous pour acheter du pain.

— Pourquoi il n'a pas de sous ?

Là-dessus le père développe, très succinctement, les raisons qui font qu'on peut atteindre la misère : il parle de la maladie qui empêche les parents de travailler, d'un accident qui a pu arriver au père, mais il se garde bien d'éveiller dans l'âme de l'enfant, l'idée de la paresse ou de la déchéance des parents ;

bébé est encore trop jeune pour admettre les exceptions et il est mauvais de lui apprendre que les parents peuvent avoir aussi leurs défaillances.

Pour le moment, il s'agit simplement d'évoquer dans son âme l'idée de la solidarité en lui démontrant que lui, qui possède beaucoup de choses, doit partager, dans une certaine mesure, avec ceux qui en manquent.

Du reste, ces explications, destinées à poser les prémisses de la réflexion dans les jeunes cerveaux, doivent toujours être aussi concises que possible. La débilité morale des petits s'accommode mal d'une fixité trop prolongée de l'attention et les trop longs discours sont presque toujours tenus en pure perte.

Et ceci présente l'inconvénient grave d'habituer l'enfant à la légèreté d'esprit.

Dès les premières leçons de morale, il est essentiel d'obtenir de lui un certain recueillement et le moyen d'y parvenir, c'est de rendre les leçons attrayantes et courtes.

Il est encore nécessaire de ne jamais leur donner des explications, qui, si véridiques qu'elles soient, sont sujettes à être démenties par les événements.

Il est encore très fâcheux de produire, devant les enfants, un geste qu'on leur défend d'effectuer.

Quelques parents s'en tirent en disant :

— Les grandes personnes ne sont pas soumises aux mêmes règles que les enfants.

Ceci est un raisonnement déplorable et bien fait pour conduire au doute les petits êtres, dont les âmes fragiles ont déjà quelque peine à se représenter une morale dictée par les conventions. Comment

leur sera-t-il possible de concilier la contradiction
évidente de la conduite et des paroles et comment
est-il possible que leur jeune intelligence, soumise
à un semblable travail, s'en tire sans défaillance et
sans une tendance à la déformation du jugement ?

Pour cette raison, il est donc souhaitable de rapporter à une leçon de choses les prémisses du raisonnement, en remontant à la cause des ennuis ou des
joies que l'enfant éprouve.

Il est une occasion trop fréquente pour les parents
d'exercer l'attention et le discernement des petits :
il y a peu de jours dans la semaine qui ne soient
marqués par une chute sans gravité, un heurt ou un
petit dommage quelconque, causés par l'inexpé-
rience et l'imprudence qui en découlent.

L'attitude des éducateurs maladroits se résoud toujours par deux mouvements dissemblables, mais
fréquemment répétés.

Les uns se précipitent vers l'enfant qu'ils relèvent
en poussant de grands « hélas » et se montrent si
inquiets ou même si persuadés de son mal, que le
petit, même s'il n'en ressentait aucun, se prend à
pousser des cris perçants, qui viennent mettre le
comble au désarroi, causé par l'incident.

Au bout d'un temps plus ou moins long, quand il
est lassé de pleurer, il s'apaise sous les caresses,
tout prêt à recommencer son geste malencontreux,
dont on a omis de lui démontrer l'imprudence.

D'autres parents, au contraire, ne peuvent réprimer un mouvement d'impatience, devant la maladresse de l'enfant, et le relèvent brusquement en le
corrigeant, sous prétexte de lui faire remarquer son

4

imprudence, espérant ainsi l'empêcher de la commettre de nouveau.

Dans ce dernier cas, l'enfant, déjà chagrin de son
léger mal, voit sa douleur redoubler par l'effet de la
correction et sort de cette aventure avec un sentiment de rancune, car dans sa petite âme tumultueuse
il sent, sans pouvoir le définir, qu'en le répriman-
dant durement au sujet d'une souffrance, ses parents
obéissent surtout à un sentiment d'égoïsme, qui leur
fait haïr tout ce qui vient troubler leur tranquillité.

Les éducateurs intelligents se garderont bien de
tomber dans l'un de ces excès : ils iront vers l'enfant, le relèveront sans paraître y mettre trop d'empressement, s'assureront d'abord de la bénignité du
coup, puis chercheront à apaiser le bébé, sans pourtant s'apitoyer outre mesure. Puis, la crise terminée, ils le prendront par la main, referont avec lui le
chemin, et, arrivés à l'endroit de la chute, ils lui
démontreront quelle a été sa maladresse, en cher-
chant à faire naître en lui l'idée de prudence et de
préservation.

C'est encore par le raisonnement que l'on cherchera à enrayer la gloutonnerie, fréquente chez tous
ces petits êtres si proches de la nature.

A la première indisposition causée par la gour-
mandise, on démontrera au bébé la vérité des avis
qu'on lui avait déjà donnés. On se gardera bien de le
gronder, il est suffisamment puni par la souffrance
provenant de son malaise ; mais tout en le soignant
et en le dorlotant, on ne manquera pas de lui faire
observer que s'il est malade, c'est à lui et à son in-
tempérance qu'il le doit.

On s'efforcera de le préserver ainsi de toutes les atteintes malencontreuses et lorsqu'il aura encore une fois succombé aux tentations de la convoitise ou aux pièges de l'inattention, on lui démontrera de nouveau la part qu'il a dans sa mésaventure, en n'omettant pas de mentionner le chagrin que son étourderie cause à ses parents.

Il est une phrase qu'en aucun cas il ne faut prononcer devant les enfants, si l'on veut laisser grandir en eux l'idée d'impartialité et de justice : Les mots : C'est bien fait ! ne devraient jamais être dits par les parents, soucieux de maintenir leur renom d'équité vis-à-vis de leurs enfants.

Non, ce n'est jamais *bien fait* qu'un incident fâcheux, si minime qu'il puisse être, se produise.

Il est toujours regrettable qu'une souffrance, si légère soit-elle, vienne traverser la vie des enfants, alors même que par leur imprévoyance et par leur désobéissance, ils en auraient provoqué l'apparition, et, au lieu de s'en applaudir, les parents devraient la déplorer doublement, puisqu'elle cause une douleur au petit et qu'elle est la conséquence d'une faute, d'un oubli ou d'une étourderie.

Penser et s'exprimer autrement à ce sujet, c'est fausser, dès son apparition, cette faculté subtile de l'âme de l'enfant : le raisonnement.

CHAPITRE II

La haine du mensonge

Elle doit être inculquée à l'enfant, non pas avec des mots, car, pour lui, le mensonge n'est pas toujours une faute et il a parfois grand'peine à le démêler de la vérité.

Il n'est donc pas toujours en mesure de connaître sa faute, alors même qu'il la commet délibérément.

L'enfant, en mentant, obéit à plusieurs raisons, que les éducateurs doivent avant tout pénétrer. Il ment :

Par peur d'être grondé.

Par exagération de puissance imaginative.

Par esprit de dissimulation.

Par amour-propre.

Par paresse.

Enfin, il faut bien l'avouer, il ment aussi très souvent parce qu'ignorant des conventions sociales, il voit les grandes personnes commettre devant lui des mensonges, dont son esprit ne peut saisir l'opportunité et que, cependant, il voit absoudre de la façon la plus désinvolte.

La première de toutes ces raisons, doit faire re-.
monter la faute jusqu'aux éducateurs.

L'habitude de gronder les enfants, de s'emporter
contre eux quand ils se trouvent en faute est le
moyen le plus sûr de les amener à pratiquer le mensonge.

Dès qu'il s'aperçoit du délit commis, involontaire-
ment ou non, l'enfant qui prévoit une scène de colère n'a qu'une idée : l'éviter. Dans son cerveau élémentaire, le premier moyen suggéré est donc la
dissimulation. L'enfant se fait ce raisonnement, qui
est, hélas ! souvent aussi celui des grands : « Si on ne
le sait pas on ne pourra pas me gronder. » Il commence donc par nier, et le plus souvent contre toute
vraisemblance, car il ignore la ruse, et le mensonge
n'est pour lui qu'un moyen de défense.

Avec le temps, l'expérience vient encore renfor-
cer cette tendance, car s'il a le souvenir cuisant de
maintes punitions, il se rappelle aussi que ses mensonges lui ont épargné bien des gronderies et, tout
compte fait, il pense que cela vaut la peine de cou-
rir un risque.

Dès qu'il est pris en faute, son premier mouvement devient donc celui de la négation.

Plus tard, son imagination mieux formée lui four-
nira les arguments nécessaires pour soutenir ces
mensonges et leur donner une certaine vraisemblance ; la détestable habitude sera prise et la guéri-
son en deviendra de plus en plus difficile.

Il dépend des éducateurs d'éviter chez les petits la
naissance de cette tare, dont la genèse est, presque
sans exception, leur ouvrage.

Si, au lieu de déployer vis-à-vis de l'enfant une sévérité exagérée, dont la manifestation le rend craintif et désireux d'y échapper, les parents savent user de douceur envers les jeunes êtres dont ils doivent former les âmes, ces derniers, n'ayant rien à redouter de la franchise, ne manqueront pas de la pratiquer.

Il se peut que l'enfant mente d'une façon à peu près inconsciente aussi, car peu familier avec les expressions d'un langage qu'il ne parle qu'imparfaitement, il est possible qu'il rende assez mal sa pensée et qu'il soit desservi par son propre raisonnement.

Les parents doivent donc écouter avec patience l'explication du petit, et, si ses paroles traduisent mal son idée, le remettre doucement dans la bonne voie et l'aider même à proférer un aveu, qu'il se trouvera ainsi amené à faire, sans presque sans douter.

Dans ce cas, la punition doit être ajournée, car dans sa logique implacable, l'enfant ne manquerait pas de se dire :

« Si j'avoue ma faute, je serai *sûrement* puni, tandis que si je la dissimule, j'ai des chances de m'en tirer ».

Cependant, lorsque le mensonge, tendant à dissimuler le délit, est avéré et impudemment soutenu, une répression s'imposera, mais on devra bien spécifier au petit qu'on le punit, non pas pour le délit lui-même (qu'on aurait pardonné, s'il avait avoué), mais *uniquement* pour le mensonge, qui tentait de le dissimuler.

Lorsque les parents sont bien pénétrés de leur tâche, ce genre de mensonge éclôt rarement dans l'âme de l'enfant. Bien loin de dissimuler une maladresse ou un oubli, c'est aux parents qu'il viendra confier l'embarras dans lequel le jette l'acte qu'il a à se reprocher. C'est vers eux qu'il se tournera, sachant que d'eux seuls viendra le secours ; et, le mal une fois réparé, il sera tout disposé à écouter leurs remontrances, surtout si elles sont données sous forme de conseils.

La franchise des enfants est presque toujours la conséquence de la douceur et de la mansuétude des

Le mensonge par imagination est plus fréquent qu'on ne le pense et, si l'enfant n'est pas surveillé et ramené patiemment dans les limites de la vraisemblance, il ne tardera pas à prendre des habitudes dont il sera la première dupe, car sous l'influence de son imagination déchaînée, les choses ne se présenteront plus à lui sous leur jour véritable, mais bien sous un aspect héroïque, qui le poussera à dramatiser les incidents les plus simples.

Il n'entendra pas deux cochers se gratifier en se croisant d'épithètes un peu vives, sans éprouver le besoin de raconter en rentrant qu'il a vu des gens qui cherchaient à se tuer.

Il ne verra pas un bébé tomber de la façon la moins dangereuse, sans déclarer qu'il a assisté à un événement tragique.

Et cela, dans son langage enfantin, prend une importance d'autant plus grande que, n'ayant pas le sentiment des nuances, il emploie des mots qui peignent brutalement la situation qu'il crée de toutes pièces.

Quant à lui, il n'est pas d'histoire plus dramatique que sa vie : il est poursuivi par des voleurs ; il
a vu le diable ; des hommes noirs ont voulu l'emporter, etc., etc.

On ne saurait assez tôt réprimer cette tendance de
l'enfant à tout exagérer et à inventer, s'il ne trouve
aucun canevas pour les tragédies qu'il médite.

Cette propension indique généralement une nature présomptueuse, désireuse de jouer un rôle et
avide de faire parade de sa supériorité.

Il est donc essentiel de combattre ce défaut, dès
les premiers signes. Mais pour y arriver sûrement,
il s'agit avant tout de découvrir la source de ce penchant au mensonge dramatique.

Elle gît, la plupart du temps, dans le mode d'éducation de l'enfant, dont on a bourré le cerveau d'histoires invraisemblables et qui, pour cette raison, ne
peut s'imaginer un monde vide de héros, de bandits,
de princesses, de fées. Il ne peut croire qu'il est possible de rencontrer des existences dans lesquelles il
ne passe rien.

Si telle est la source de cet état d'esprit, les parents
devront au plus vite cesser les récitations des contes
et les remplacer par des histoires *positives* et aussi
simples qu'il sera possible de les inventer.

Ils affecteront de ne jamais parler devant l'enfant
d'un incident sortant du tran-tran ordinaire de la
vie et lui feront toucher du doigt l'irréalité de ses
récits.

Cependant ils éviteront toute négation brutale,
dont l'effet serait de heurter l'amour-propre du petit et de l'enliser dans son mensonge. Ils le pren-

dront par l'amour-propre et lui déclareront en riant
que les contes d'autrefois étaient bons quand il était
trop jeune pour comprendre quelque chose, mais
que *maintenant qu'il est grand* on lui dira, non plus
des contes, mais des histoires réelles, les seules
dignes du petit personnage qu'il est devenu.

Si cette cure est adroitement menée, les parents
ne tarderont pas à voir l'enfant prendre en pitié,
ceux qui sont assez naïfs pour croire encore aux fées,
aux diables, aux brigands et à toute la fantasmagorie
dont il s'est, pendant longtemps, fait une réalité.

Dans le cas où cette habitude viendrait seulement
d'un excès d'amour-propre et du désir de briller, il
serait du devoir des éducateurs de canaliser cette
disposition vers un but louable et d'aiguiller l'amour-
propre du petit vers un talent à sa taille et qui con-
viendrait à son âge.

L'esprit de dissimulation, on l'a vu, est rarement
naturel chez l'enfant. Il naît presque toujours à la
suite de remontrances, qu'il espère esquisser en cé-
lant ce qu'il sait en être la cause.

Il vient parfois aussi de l'imprévoyance des parents
qui se livrent devant lui à la nécessaire hypocrisie
des petits mensonges obligés, sans se rendre compte
qu'il lui est impossible de comprendre la part de
bonne éducation qui se glisse dans ces menues trom-
peries, nécessaires à l'harmonie sociale.

Par exemple, l'enfant entendra dire que l'oncle
Untel est ridicule et injuste, que la tante Unetelle
est une avare, qui a donné un cadeau misérable.
Mais on lui recommandera de ne rien répéter de cela
à l'oncle, pour lequel il doit réserver ses amabilités ;

quant à la tante, on lui prescrira de l'embrasser de tout son cœur en la remerciant pour le beau cadeau. Enfin, il entendra sa mère dire à cette parente : « Oh vraiment! c'est trop joli, vous avez fait des folies ».

On dira devant lui : « Nous comptons donner un dîner dans quinze jours, mais ne préviendrons pas notre cousine Louise, parce qu'elle serait ennuyeuse et désagréable vis-à-vis de certaine personne; si elle l'apprend, nous dirons que nous sommes réellement désolés, mais que nous avons pensé qu'elle était à la campagne ».

Et l'enfant qui a assisté à ce complot, entend en effet ses parents dire à cette cousine: « Nous sommes navrés de notre erreur; nous avons si bien pensé que vous étiez à la campagne, que nous avons eu un instant l'idée de remettre notre dîner jusqu'à votre retour. »

Une autre fois sa mère dira à la domestique : « Si Mme Unetelle vient, vous direz que je suis sortie ».

Le motif de ce ce petit mensonge est parfois des plus louables et si la maman désire ne pas recevoir la dame, c'est qu'elle voudrait s'occuper sans être dérangée des détails de la maison et des soins du bébé.

Mais que peut-il penser, lui, le petit, de cette façon de déguiser la vérité ?

Il ne dit pas qu'on aime bien l'oncle malgré son ridicule avéré, que, malgré sa vilaine avarice, on accueille quand même la tante avec de bonnes paroles parce qu'elle est seule et que ses parents ont bon

cœur ; que l'on a évité d'inviter la cousine pour ne
pas créer un conflit entre elle et une autre parente
avec laquelle elle est brouillée...

Tout cela dépasse la petite imagination de l'enfant
et si ses parents ont raison de ne point l'initier encore
à l'hypocrisie du mensonge social, ils ont grand tort
de le pratiquer devant lui, car, dans sa logique
impitoyable, il conclut qu'ils mentent pour ne
pas être grondés par l'oncle, la tante ou la cousine
et qu'il a bien le droit de faire comme eux pour
esquisser une réprimande.

Il est donc nécessaire, pour éviter de laisser
s'installer l'habitude du mensonge chez les petits, de
les maintenir dans un monde qui leur est spécial, mais qu'il faut choisir aussi distant des réalités de l'existence sociale, que du monde mysté-
rieux, où se meuvent les créatures idéales des
contes.

CHAPITRE III

Les premiers principes de l'aplomb

« Il est bon, dit Yoritomo (1), de redresser une plante que le vent a inclinée, mais il aurait été préférable de combattre cette propension, en la plaçant dans un endroit plus abrité, ou en la munissant, dès son éclosion, d'un tuteur qui lui permette de s'élancer, droite et souple, sans crainte de déviation.

« La timidité, ajoute-t-il, est rarement naturelle. Elle ne naît chez l'enfant que lorsqu'une éducation maladroite l'a rendu farouche et défiant de son propre mérite.

« Est-ce que les animaux qui ignorent le contact de l'homme redoutent son approche ?

« Ils ne deviennent craintifs et sauvages que lorsque l'expérience leur a démontré que ces hommes les pourchassent et désirent les capter ou les détruire. »

Et il conclut par cette affirmation :

« L'enfant ne naît pas timide ».

(1) *L'énergie en 12 leçons*, édition Nilsson.

Nous ne pourrions assez admirer sur ce point la doctrine de l'antique pasteur d'âmes.

Non, l'enfant ne naît pas timide. Il le devient quelquefois, mais on doit très rarement attribuer son défaut à des tares personnelles ; et, dans tous les cas, l'éclosion de la timidité pourrait toujours être enrayée chez lui par les éducateurs, habiles à discerner les réalités de leur mission.

C'est généralement le contraire qui se produit et il est fréquent de constater qu'un enfant qui n'est pas *né* timide, le devient cependant, par suite des différentes causes que nous allons énumérer et qui, toutes, découlent des principes qu'on lui inculque et dont les plus couramment admis sont :

L'amoindrissement systématique de la personnalité.

Les doutes exprimés sur ses capacités.

La destruction du sentiment des responsabilités.

La négation d'une supériorité individuelle.

L'imposition du silence.

L'humiliation en public.

La glorification de la modestie.

Bon nombre de parents s'imaginent de très bonne foi qu'il est mauvais pour un enfant d'avoir un sentiment trop précis de sa valeur personnelle.

Ils confondent volontiers la présomption et la vantardise, défauts auxquels les petits sont assez enclins, avec les aspirations qu'il est bon toujours d'aviver.

Ils diront à l'enfant : « Tu n'as aucune importance. Les enfants ne comptent pas. Les enfants ne sont bons qu'à obéir ».

Ce déplorable système rend l'enfant défiant de lui-même et l'habitue à une humilité qui l'achemine tout doucement vers l'embarras timide, à moins qu'il n'entre en rébellion et dépasse tout d'un coup les limites de l'aplomb qu'il est bon de lui inculquer.

Quoiqu'il en soit, l'enfant élevé à douter de son importance, ne pourra jamais acquérir de sûreté de jugement en ce qui le concerne ; il n'osera rien entreprendre et se tiendra à l'écart, à moins que, conscient de son mérite et révolté de l'affectation qu'on met à l'ignorer, il ne veuille le prouver en dépassant la mesure et se mettant en posture d'être justement réprimandé.

Il est aussi beaucoup d'éducateurs, qui pensent faire naître l'émulation chez ce petit être en affectant de douter de ses capacités. Ils lui diront : « Un autre enfant parviendrait peut-être à ce but, mais toi tu n'en es guère capable. »

Ils accueilleront par des paroles de doute les projets qu'il formera innocemment et ne mettront aucune bonne volonté à l'aider, sous prétexte qu'il n'a aucune chance de mener à bien ce qu'il entreprend.

Ils espèrent ainsi que le petit se piquera d'amour-propre et qu'il prendra à cœur d'accomplir sa tâche, ne serait-ce que pour prouver à ses parents qu'il en était capable.

Ce procédé amène rarement de bons résultats et en voici la raison :

Si l'enfant, malgré le peu d'encouragement qu'il a reçu, a assez de ténacité pour mener à bien ce qu'il a entrepris, si futile que soit cette réalisation, il se produira en lui le raisonnement suivant :

« Mes parents n'y connaissent rien et je n'ai pas besoin d'écouter leurs conseils ».

Et, cette fois encore, nous nous trouvons en face d'une révolte, qui, d'abord partielle, s'étendra rapidement, compromettant la pondération à venir de celui qui s'élève.

Il se peut encore que, dans ce système d'éducation, l'enfant ne voie qu'une mauvaise volonté de la part de son éducateur à son sujet et une injustice qu'il prendra pour un parti-pris ; dès lors, leur autorité sera anéantie et c'est en vain qu'ils chercheront à discipliner le petit être.

Cette diminution voulue de la personnalité présente encore le gros inconvénient de masquer à l'enfant le sentiment des responsabilités.

A force de lui dire : « Tu n'as aucune importance » ou encore : « tu n'es qu'un maladroit », on lui enlève toute initiative et il en vient à se laisser guider par les incidents qui se produisent dans son existence enfantine, sans songer à les modifier en sa faveur.

La conscience de sa chétivité morale le pénètre si bien, qu'il finit par admettre qu'il n'est qu'une humble petite chose destinée à être dirigée par des grandes personnes, sans qu'il soit possible de songer à changer un iota aux décisions qu'elles auront prises.

Aussi, dès que cette direction effective manque à cet enfant, il est saisi par un embarras tel, que la timidité a bien peu de chose à faire pour s'emparer de lui.

On arrive au même résultat par la négation de la supériorité individuelle.

Il est peu d'enfants, même très jeunes, qui ne

brillent sur un point quelconque : les uns parlent mieux et plus distinctement que les bébés de leur âge ; d'autres font preuve d'une adresse et d'une souplesse remarquables ; quelques-uns d'entre eux lisent déjà, alors que leurs contemporains se contentent d'épeler.

Toutes ces petites supériorités, si elles sont constatées sans exagération par les parents, seront pour le petit le point de départ d'un sentiment d'orgueil très légitime, qui deviendra la base solide sur laquelle on pourra édifier l'aplomb.

Mais si, sous le vain prétexte de l'exercer à la modestie, ses parents semblent négliger d'admirer ses petits talents, il ne manquera pas, lui qui commence à raisonner et se compare à ceux de son âge, de chercher la raison de cette indifférence.

Encore une fois, la logique des petits le conduit à douter de l'affection et de l'équité des parents ou à se replier sur lui-même en constatant qu'il avait tort de s'enorgueillir d'une supériorité qui n'existait pas.

Cette conclusion, qui, bien entendu, se présente dans les petits cerveaux à l'état confus, est la cause de bien des accès d'humeur farouche, découlant de la constatation d'une infériorité dont ils ne peuvent cependant convenir.

Et cette terrible tare, la défiance de soi-même, s'installe dans ces jeunes âmes, qui se replient sur elles-mêmes dans une solitude morale, qui ne fera que s'accroître avec les années.

Il est encore une habitude que l'on ne saurait assez condamner ; c'est celle d'imposer le silence aux enfants qui veulent exprimer une idée.

5

Si les parents ont assez de tact pour ne jamais parler devant les enfants que de ce que ceux-ci peuvent comprendre et de ce qu'ils doivent entendre, quelle raison ont-ils de leur interdire de faire leurs réflexions sur un sujet qui les intéresse ?

Il est, au contraire, indispensable de laisser l'enfant s'exprimer en toute liberté.

On objectera peut-être qu'en l'habituant ainsi il se rendra parfaitement insupportable ? Non, si les parents ne commettent point la faute de l'emmener trop jeune dans des réunions où il n'a que faire.

Il est nécessaire, au contraire, que, dans l'intimité de la famille, le bébé s'exerce à penser et à traduire sa pensée par des mots, que les parents rendront de plus en plus corrects, au fur et à mesure qu'il avancera en âge.

Cette accoutumance lui permettra d'étendre le champ de sa pensée et lui donnera un aplomb qui, plus tard, lui sera précieux lors de ses examens.

Ceci permettra encore de se rendre compte des penchants et des qualités, dont il ne porte encore que le germe, en même temps qu'on trouvera là une occasion de réprimer les tendances à l'égoïsme, que ces petits êtres, si près de la nature, développent naïvement, comme une poussée de leur instinct.

Une des causes très fréquentes de la timidité chez les adultes, vient de ce que, lorsqu'ils étaient tout petits encore, leurs éducateurs ont cru devoir les humilier en public : les réprimandes devant des étrangers, les gronderies qui ont d'autres enfants pour témoins, les corrections subies en public, sont de détestables ferments de timidité, qui se développent d'autant plus facilement dans l'âme de l'enfant, que l'affection de dédain pour sa personnalité empêche aucun épanchement de sa part.

Ainsi diminuée, sa petite âme, consciente confusément parfois de sa valeur, devient farouche et il fuit la société dont il ne reçoit qu'humiliation et amitié dédaigneuse.

Enfin, à force d'entendre glorifier la modestie, il finit par admettre que c'est là l'attitude qu'il faut avoir pour ne pas mériter de reproches et il se retranche dans un isolement moral, qui fera de lui dans l'avenir un martyr de la timidité.

Eh bien! non, la modestie n'est pas une vertu; c'est, la plupart du temps, la marque de la médiocrité et de l'impuissance.

Ceux qui sont appelés à réussir sont toujours doués de cet aplomb, qui est fait de hardiesse, de réserve et de raison.

C'est là ce qu'il faut apprendre à l'enfant. Il est nécessaire d'applaudir à ses progrès, en lui donnant le sentiment de ce qu'il vaut.

On le laissera parler, en ayant soin cependant de ne jamais mettre sa jeune âme en contact avec des âmes grossières qui ne sauraient point la respecter.

On l'habituera au sentiment si précieux des responsabilités, en lui laissant une initiative, dont on lui dérobera le contrôle, afin de ne point attenter à sa sincérité.

On se gardera bien de l'humilier de quelque façon que ce soit et chaque punition devra être administrée dans le huis clos le plus parfait.

En un mot, on s'appliquera à développer en lui la conscience de sa valeur et de son mérite, dont la constatation le conduira à la possession de l'aplomb. C'est une arme moderne, il est vrai, mais c'est la plus efficace dans la mêlée de la vie, rendue tous les jours plus ardente, par les circonstances et la volonté des hommes.

CHAPITRE IV

La valeur du temps

Si balbutiante que soit encore l'âme de l'enfant, il est bon de chercher à l'instruire sur la valeur du temps, en l'intéressant simplement d'abord aux contingences qui le concernent.

Quelques explications élémentaires lui feront comprendre que le temps est une chose précieuse qu'on doit bien se garder de gaspiller.

Sans lui imposer une application qui risquerait de devenir une fatigue, on s'efforcera de discipliner ses actes, en lui enseignant la valeur du temps qu'il met à les accomplir. Certains enfants ont une tendance à précipiter leurs mouvements ; d'autres, au contraire, se meuvent lentement, s'arrêtent au milieu de leurs ébats et tardent toujours à rejoindre leurs camarades.

D'autres entreprennent, sans se rendre compte de leur durée, des jeux qu'ils abandonnent, avant même d'en avoir terminé l'organisation, qu'ils ont voulue trop laborieuse.

Il en est qui, au contraire, passent par-dessus tous

les détails et arrivent au bout des amusements pro-
jetés, sans en avoir pris le temps d'en goûter la joie.

On voit des enfants s'éterniser sur une occupation
de médiocre importance, alors qu'une autre bien
plus essentielle les sollicite et ils emportent le regret
de l'avoir négligée, sans comprendre qu'ils auraient
pu s'y adonner, s'ils n'avaient pas usé inutilement
les heures.

Cela ne présenterait que peu d'inconvénients, s'il
ne s'agissait d'une tendance, qui, avec les années,
se développera infailliblement si l'on n'y met bon
ordre.

On s'apercevra alors que l'enfant qui ne parvenait
que difficilement à rejoindre le groupe de ses camarades de jeux les suit aussi péniblement dans leurs
études, tandis que celui qui avait l'habitude de hâter
ou de supprimer l'exécution des détails, pour en arriver à la conclusion, péchera toujours par une étourderie et un manque d'application des plus regret-
tables.

Celui qui, tout petit, ne pouvait se décider à quitter
une occupation futile pour un amusement véritable,
prendra place dans les rangs, bien plus nombreux
qu'on ne le pense, des personnes qui déclarent toujours *avoir bien le temps* et finissent par imiter le
lièvre de la fable, en s'élançant éperdument vers le
but que leur départ trop tardif ne leur permet pas
d'atteindre.

En revanche, ceux qui, tout enfants, aimaient à
s'abîmer dans les détails d'une organisation telle-
ment laborieuse, qu'ils y épuisaient leur désir d'aller
plus avant, continueront, au temps de leur adoles-

cence, à dépenser en préparatifs superflus et en minuties oiseuses, le plus clair du temps qui leur est assigné pour parfaire une besogne, à la réalisation de laquelle il leur sera impossible de consacrer les soins voulus.

Combien de grandes personnes ont gardé de leur enfance l'ignorance de la valeur du temps !

Les unes s'imaginent toujours que les heures dont elles disposent sont trop peu nombreuses pour le travail qu'elles doivent accomplir et elles les laissent s'écouler sans les mettre à profit ; d'autres, au contraire, envisagent le temps qui leur est dévolu comme trop considérable et ne se hâtent pas de se mettre à l'ouvrage, quittes à s'affoler lorsqu'elles voient arriver le terme de ces heures et qu'elles constatent que leur tâche est loin d'être terminée.

Il est donc essentiel de faire comprendre aux enfants quel rôle considérable le temps est appelé à jouer dans leur vie.

Pour cela il est inutile de les astreindre à d'ennuyeux calculs et la science des mois, des semaines, des jours, des heures et des minutes ne sera pour eux qu'un exercice de récitation, à peu près vide de sens, si l'on n'y joint pas la leçon de l'expérience.

Avant tout, il est indispensable d'apprendre aux enfants, si jeunes qu'ils puissent être, à ne jamais rester en deçà ou au delà du temps que l'on peut rationnellement fixer pour l'exécution de l'acte qu'ils produisent.

Qu'il s'agisse de manger, de jouer ou de se promener, l'enfant devra être surveillé de façon à ce qu'il agisse sans hâte et sans lenteur.

Peu à peu, on le fera juge du temps qu'il doit consacrer à telle ou telle tâche en lui donnant un point de comparaison.

Par exemple on dira à un petit : « Je vais te laisser jouer pendant une demi-heure et puis ensuite je te ferai étudier ton alphabet, pendant un quart d'heure ». Et après lui avoir expliqué que le quart d'heure est la moitié de la demi-heure, on se gardera bien d'outrepasser ce temps, pendant les exercices annoncés.

Lorsque pendant plusieurs jours on lui aura trois fois au moins répété cette leçon, l'enfant commencera à se rendre compte de la différence de durée existant entre un quart d'heure et une demi-heure. Il sera temps alors de lui inculquer le sentiment de la valeur du temps, en réglant la durée approximative de ses occupations.

On commencera à modifier ses tendances à la lenteur ou à la trop grande précipitation en lui rappelant la mesure du temps nécessaire à l'accomplissement de ce qui lui incombe.

On le mettra en garde contre la tendance qu'ont tous les enfants à vouloir entamer les projets, en s'imaginant qu'ils ont le temps de les mener tous à bien.

On l'interrogera donc sur ce qu'il compte faire, dans un temps, d'abord assez restreint, puis plus étendu ensuite.

L'enfant ne manquera pas d'énumérer pour la tâche d'une heure, des plans qui pourraient emplir toute une journée ; on lui démontrera alors l'impossibilité de tout réaliser, en lui expliquant bien lentement les motifs et en prenant toujours des points de comparaison, de manière à fixer ses réflexions. Puis on conclura en lui désignant les choses qui, seulement, peuvent être achevées, pendant ce laps de temps et en lui donnant à choisir.

On lui dira : « Tu n'as que le temps de faire deux choses ; or, voici celles que tu viens d'énumérer, choisis en donc deux parmi celles-là ».

On insistera ensuite sur l'inconvénient qu'il y aurait pour lui à entreprendre de multiples besognes puisque le *temps* lui manquerait pour achever ce qu'il désire.

Plus tard, toujours avec le système des comparaisons, on parviendra à mettre un peu plus de fixité dans ses appréciations : il saura que sa promenade journalière prend tant d'heures, qu'il dort tous les jours tant d'autres, que ses repas ont telle durée et qu'il faut autant de temps pour faire ceci ou cela.

On lui apprendra encore à mépriser le temps perdu en lui montrant tout ce qu'il aurait pu faire, s'il n'avait point usé d'une trop grande lenteur.

Si sa nature le porte à une hâte trop vive, il deviendra, au contraire, nécessaire de lui conseiller plus d'application ; au besoin on le ferait recommencer, afin d'obtenir un résultat meilleur et on ne manquerait pas de lui faire remarquer qu'il a ainsi passé bien plus de temps que s'il s'était appliqué, comme il aurait dû le faire.

Enfin, si jeune que soit l'enfant, il est essentiel de faire pénétrer, dans son âme le sentiment de l'exactitude. C'est parce qu'on n'a pas su leur enseigner la valeur du temps dès le premier âge, que tant de gens emplissent leur vie avec des futilités, sans trouver le loisir de s'appliquer aux choses sérieuses. C'est encore par suite d'un manque d'entraînement dès leur prime jeunesse, qu'ils ne peuvent se résoudre à pratiquer l'exactitude et diminuent ainsi les bonnes dispositions que l'on serait tenté d'avoir à leur égard.

Il dépend donc des éducateurs de faire naître dans l'âme de l'enfant cette préoccupation qui, dès le début, consistera surtout pour lui dans l'idée d'un devoir.

Ses parents lui diront : « Quand tu reviendras de la promenade, tu te rendras directement à tel endroit de la maison où je t'attendrai ».

Cet acte comportera pour l'enfant trois actes bien distincts :

Un exercice d'obéissance,

Un exercice de mémoire,

Un exercice de volonté.

Il s'agira pour lui d'acquiescer au désir de ses parents, de ne pas l'oublier dès sa rentrée à la maison et de s'y rendre résolument, sans se laisser détourner par un autre souci.

Il sera facile aux parents de contrôler son empressement, et, le cas échéant, de lui faire des observations sur sa lenteur, ou de le complimenter sur sa diligence.

S'il marque de la docilité, on compliquera un peu le rendez-vous en donnant à l'enfant la préoccupation, non de l'heure exacte mais d'un temps défini.

On lui dira : « Quand tu entendras l'horloge sonner trois coups tu viendras me rejoindre au jardin ».

On peut ainsi multiplier les rendez-vous de façon à inculquer, dans son esprit l'idée de l'exactitude qui sera dans la suite une raison sérieuse de réussite pour lui, car cette qualité entraîne toujours avec elle des dons de volonté et de pondération que ne posséderont jamais ceux que leur faiblesse et leur insouciance de la valeur du temps, poussent à dilapider les heures au lieu de les remplir d'une façon intelligente et profitable.

CHAPITRE V

La valeur de l'argent

C'est en s'inspirant de ces mêmes principes que l'on s'efforcera d'enseigner aux enfants la valeur de l'argent.

Nous venons de voir quelle importance capitale la science de la valeur du temps pouvait avoir sur la direction future de leur existence ; la connaissance de la valeur de l'argent ne leur sera pas moins précieuse, si l'on sait développer en eux le sentiment représentatif, qui, presque sans exception, fait défaut à la plupart des enfants.

Une charmante petite fille de six ans faisait à sa mère cette réflexion, qui, si l'on fait abstraction des conventions monétaires, semble pleine de justesse :

— Maman, pourquoi ne veux-tu pas me donner ce joujou ?

— Parce que je n'ai pas assez de sous.

— Mais cela t'est bien facile de t'en procurer : tu feras comme tout à l'heure en autobus, tu remettras un *sou blanc* et on t'en donnera beaucoup d'autres à la place.

La gentille petite avait assisté au change d'une pièce de monnaie et comme ses parents étaient de ceux qui, par une délicatesse mal raisonnée, aiment à maintenir le plus longtemps possible leurs enfants éloignés des questions d'intérêt, elle avait pensé, dans son ignorance, que, pour une raison connue seulement des grandes personnes, on pouvait ainsi se procurer *les sous* dont on a besoin, pour les échanger contre les choses convoitées.

Conçoit-on bien les conséquences morales que peut entraîner le maintien trop prolongé d'une pareille ignorance?

Il n'est pas question du retard apporté à l'enseignement pratique qui s'opérera très vite, dès que l'enfant entrera en contact avec des camarades.

Nous ne voulons mentionner ici que l'infériorité morale dont il aura à souffrir, si on ne sait pas l'initier très jeune, non seulement au taux de l'argent, mais à sa valeur comparative, c'est-à-dire à toutes les possibilités qu'il représente, sans en excepter celle de la charité.

Ainsi que nous l'avons conseillé tout à l'heure pour la théorie du temps, celle de la valeur nominale de l'argent ne devra être qu'un complément indispensable à la leçon toute mentale que l'on donnera à l'enfant au sujet du prix des monnaies.

Sans négliger de lui apprendre la valeur de convention des pièces et ce que chacune d'elles représente en monnaie différente, on insistera surtout sur l'infinité d'objets à la possession desquels la plus minime de ces pièces permet d'aspirer.

On commencera d'abord par celle que l'enfant a le plus souvent à sa disposition : le sou.

On ne manquera pas de lui indiquer — et ceci, au fur et à mesure que l'occasion s'en présente — les diverses choses dont il peut briguer la possession à l'aide de ce sou.

Ce sera en même temps une leçon de décision et une leçon de réflexion, car on exercera l'enfant à choisir en toute connaissance de cause et on préviendra les regrets ou les convoitises postérieures à ce choix, en lui en démontrant les inconvénients ou les avantages.

Pour commencer, on se gardera bien d'encombrer son esprit et de l'embarrasser par la présentation de trop nombreux objets : on lui en désignera trois ou quatre en lui donnant un sou et en lui disant :

« Avec ce sou tu peux avoir ceci, cela ou cela, achète ce qui te semblera le plus désirable. Mais n'oublie pas que tu devras te contenter de la chose que tu auras choisie et ne pas regretter les autres ».

Et on lui énumérera les qualités de chaque chose.

L'important est de ne point laisser l'hésitation entrer en lui. Ce sera donc un excellent enseignement à la décision que la liberté du choix accordée à l'enfant, si l'on n'admet que la réflexion, le raisonnement et non les tergiversations.

Il sera très facile d'enrayer cette tendance dès ses premières manifestations en empêchant le petit de prendre un objet, puis de le délaisser pour un second et de quitter celui-là pour revenir au premier.

S'il témoigne un regret de son acquisition, on lui dira : « Demain je te donnerai un autre sou et tu pourras acheter ce que tu regrettes de n'avoir pas choisi aujourd'hui. En attendant, puisque c'est toi qui as voulu ceci, tu dois l'apprécier comme cela doit l'être ». Et l'on s'attachera à lui en vanter les avantages.

Il est encore essentiel de prévenir l'enthousiasme trop ardent, qui s'éteint aussi vite qu'il fut allumé et aboutit toujours au désenchantement.

La fermeté de caractère des éducateurs peut seule remédier à ce défaut en maintenant le choix de l'enfant et en n'admettant pas qu'il délaisse au profit d'un autre objet, celui qu'il a ardemment convoité.

On sourira peut-être en comparant la profondeur de cet enseignement avec la futilité de la cause.

Mais tout est relatif en ce monde et nous avons pris l'exemple du sou parce qu'il peut être répété plus fréquemment. Puis il ne faut pas oublier que, pour les tout petits, l'achat du moulin-à-vent d'un sou représente une opération aussi importante que le sera plus tard pour eux l'acquisition d'un bibelot de valeur dix fois centuple.

Lorsque l'enfant sera fixé sur la valeur représentative du sou, il sera temps de l'instruire de la valeur des autres monnaies, relativement à celle du sou.

A l'aide de cinq petits sous d'abord et d'une pièce de vingt-cinq centimes, on lui démontrera la parité de ces deux monnaies. Pour l'aider à comprendre, on lui fera changer une pièce de vingt-cinq centimes et on lui fera constater qu'il reçoit cinq pièces à la place, dont chacune a une valeur cinq fois moindre que la pièce unique et que leur réunion forme une similitude de total.

Dès que cette démonstration sera comprise, on
continuera avec la pièce de cinquante centimes, le
franc, etc., etc...

Quand ces notions élémentaires seront gravées
dans l'esprit de l'enfant, quand il comprendra la valeur comparative de l'argent et des choses, le moment sera venu de lui inculquer les principes d'une
économie raisonnée, qui, si elle est intelligemment
enseignée, deviendra le point de départ d'habitudes,
qui, dans l'avenir, feront de lui le sage administra-
teur de ses biens.

Combien de gens, dont les capacités sont cependant indiscutables, ont échoué parce qu'ils géraient
leurs intérêts d'une façon déplorable !

Gagner de l'argent, c'est bien ; mais encore faut-il
savoir en conserver une grande partie, ne serait-ce
que pour pouvoir agrandir le cycle de ses entre-
prises et travailler avec sérénité, libéré des soucis
que ne manquent pas d'amener les difficultés maté-
rielles ou la recherche des sommes nécessaires à la vie
quotidienne.

De véritables génies se sont usés à cette tâche ;
des intelligences supérieures ont sombré dans le
gouffre des soucis mesquins et des obligations humi-
liantes, que suscite le manque habituel de res-
sources, car le fantôme de la dette, hantant les cerveaux les plus productifs, finit par y amener la
stupeur et le vide.

Et si l'on remonte aux origines de ces désastres,
qui ne sont pas seulement des calamités financières,
mais des catastrophes véritables, on s'apercevra
qu'elles ont été en grande partie causées par l'igno-

forces mentales ; l'exercice de la lecture est déjà un
sujet d'application suffisant pour le petit, sans qu'il
soit utile d'y ajouter un effort de compréhension.

Il est donc bon de ne commencer à lui faire lire
des phrases, que lorsque ces phrases contiendront
les mots qu'il connaît bien, ceux dont la vue évoque
aussitôt dans son esprit la perception de l'image
qu'ils représentent.

Si l'on n'observe pas cette règle, on s'apercevra
bientôt que l'enfant lit d'une façon mécanique, sans
aucun profit pour son intelligence et sans que sa mémoire se trouve meublée par cette aspiration.

Les résultats obtenus seront tout différents si l'on
s'applique à ne lui faire lire des phrases que lorsque
la compréhension des mots lui sera familière.

On pourra s'en assurer en interrogeant le petit sur
chacune de ses lectures. Dès qu'il aura terminé la
tâche qu'on lui impose — et qui doit toujours être
courte, pour qu'il lui soit possible de maintenir son
attention au même degré d'intensité — on reprendra
avec lui chaque mot et on le lui fera désigner d'une
façon claire, en lui expliquant les particularités qui
s'y rattachent.

Par exemple, s'il vient de lire le mot *âne*, on lui
demandera :

— Qu'est-ce qu'un âne ? Décris-le-moi.

Et l'enfant se souvenant des leçons précédentes
dira :

— L'âne est un animal qui a de longues oreilles et
par son aspect rappelle un peu celui du cheval, quoi
qu'il soit plus petit et de formes moins élégantes.

— A quoi sert l'âne ?

— A porter des fardeaux et à traîner des voitures légères.

— De quelle façon porte-t-il les fardeaux ?

— Sur son dos, on les dépose dans un appareil que l'on nomme bât.

— Que dit-on d'un âne quand il fait entendre sa voix ?

— On dit qu'il braie.

En procédant ainsi pour chaque mot, on arrivera très vite à donner à l'enfant des notions générales certaines, et, dès que les syllabes composant le mot se présenteront à ses yeux, la perception mentale de l'objet et de ses attributions, s'imprimera aussitôt dans sa mémoire.

On ne négligera pas non plus d'aider son souvenir par l'image et on ne perdra aucune occasion de lui montrer l'objet au naturel.

Dès que le petit entrera dans la seconde période de cet enseignement, c'est-à-dire lorsqu'il commencera à lire de courts récits, l'éducateur devra être très attentif au choix de ces historiettes, qui ne devront contenir aucun mot dont le sens soit étranger pour la jeune intelligence.

Si cela se produisait, il faudrait d'abord faire étudier ces mots par le procédé que nous indiquons, avant de laisser commencer la lecture du récit, qui, nous le répétons, ne doit contenir que des mots familiers.

Cette préparation permettra d'interroger l'enfant en le priant de raconter ce qu'il vient de lire.

Nous disons *raconter* et non pas *répéter*. Il arrive souvent, en effet, qu'une historiette de quelques lignes, surtout si elle ne contient que des mots connus, ait impressionné la mémoire mécanique de l'enfant, qui la répète sans attacher un sens précis à l'enchaînement des mots qui ont frappé son oreille.

Le but que l'on se propose n'étant pas de faire exercer uniquement la mémoire de l'enfant, mais d'éveiller en même temps ses qualités sensitives, il sera donc indispensable de provoquer par une question, l'émission d'expressions analogues à celles du récit, dont l'énoncé aura la vertu d'élargir le champ de la jeune pensée, en évoquant des visions de nature à provoquer un mouvement d'âme chez le petit élève.

S'il lisait, par exemple, le récit suivant :

« Un enfant monta dans un cerisier, malgré la défense de ses parents ; la branche, sur laquelle il se tenait, cassa, il tomba et fut longtemps malade des suites de sa chute ».

Beaucoup d'éducateurs, afin de s'assurer qu'il a bien compris, se borneraient à lui faire raconter ces lignes à sa façon, et se tiendraient pour satisfaits si l'enfant parvenait à résumer cette aventure d'une façon claire.

Leur besogne serait cependant incomplète, car il n'est pas suffisant que l'enfant retienne ce qu'il lit ; il est nécessaire que cette lecture soit le prétexte de réflexions intelligentes. Il faut encore prévoir le cas où la vue des choses pratiques semblerait contredire la théorie de ses lectures et il est urgent de prévenir les mouvements de doute, qui ne manqueraient pas de se produire à ce sujet dans l'âme de l'enfant.

En nous servant du même exemple, il serait essentiel de prévoir que l'enfant, ainsi averti du danger qu'il y a à monter dans les cerisiers, sera appelé à voir des paysans faire leur récolte.

Il est impossible encore que de nombreuses gravures, représentant des cueillettes de cerises, ne lui tombent pas sous les yeux. Il sera donc partagé entre ces deux opinions : « Ou l'histoire que l'on m'enseigne n'est pas l'expression de la vérité, ou tous les gens qui procèdent à la cueillette de leurs cerises et toutes les images qui les reproduisent évoquent la consécration d'un acte de désobéissance ».

Il est impossible que, dans sa petite âme toute neuve, une idée de révolte ne germe pas, contre une interdiction, dont les faits démontrent l'opportunité.

Aussi, à la prochaine occasion, dédaignant une leçon qui lui semble si vaine, il grimpera dans le cerisier, sans souci des précautions nécessaires, et risquera fort de partager le sort du petit garçon de son histoire.

Il n'en ira pas de même si l'éducateur procède ainsi que nous l'avons indiqué plus haut.

Après avoir entendu le récit retraçant le sujet de la lecture, il interrogera le petit :

— Pourquoi est-ce dangereux de monter dans les cerisiers ? Et commme l'enfant ne pourra balbutier qu'une réponse nébuleuse, il lui expliquera que le bois des cerisiers est particulièrement friable et que si l'action d'y grimper ne présente que peu de dangers pour ceux qui connaissent cette particularité et qui peuvent y obvier en prenant certaines précautions, elle est, en revanche, très périlleuse pour ceux qui les ignorent et que les plus graves accidents sont à redouter pour les imprudents qui risquent cette ascension.

De cette lecture l'enfant recueillera donc des fruits certains :

Une leçon de lecture, d'abord.

Une leçon de style parlé, car on ne manquera pas de reprendre dans son récit les expressions impropres ou trop irrégulières, en les lui faisant remplacer par des mots plus élégants, quoique toujours appropriés à son âge et à son intelligence.

Une leçon de réflexion, car tout ce qui lui sera dit éveillera en lui tout un monde d'idées qui, sans ces observations, auraient encore dormi longtemps au fond de son cerveau.

Enfin une leçon de choses, concernant les propriétés du bois de cerisier et la façon de récolter les fruits.

On pourra, suivant la précocité de l'intelligence de l'enfant, pousser plus loin l'initiation, en lui apprenant à quelle époque on récolte les cerises, quels sont les climats qui les produisent plus particulièrement, etc...

La préoccupation continue de l'éducateur ne doit jamais se borner à la culture de l'esprit ; elle s'étendra à celle de l'âme qui, à cette époque de la vie, est un terrain vierge propice à toute germination. Il est donc d'une importation primordiale, d'ajouter à ces enseignements réunis, une leçon de droiture et de loyauté de jugement, en ne permettant pas au doute de se glisser, même confusément, dans les déductions que l'enfant ne manquera pas de tirer de chaque heure d'étude. Les éducateurs qui, en ne négligeant pas le côté technique des choses, savent y joindre un intérêt mental, seront vite récompensés en voyant s'épanouir les promesses des qualités qu'ils s'efforcent de mettre au jour.

Faut-il insister sur le danger qu'il y aurait à laisser l'enfant exercer son nouveau savoir en se livrant à la lecture des contes de fées ou des invraisemblances dont on se plaisait, au siècle dernier, à farcir l'imagination des petits ?

Nous avons suffisamment énuméré, pensons-nous, les défauts de cette éducation pour y revenir encore.

Ces contes ne devront être connus des enfants que plus tard, lorsqu'ils seront assez raisonnables pour qu'il soit possible de les leur présenter à titre de documents et non comme une lecture, dont il leur serait impossible d'apprécier le côté fictif.

Chez les enfants comme chez les simples, les choses imprimées prennent une valeur considérable de véracité. Un enfant dira : « Cette chose est vraie, car je l'ai lue dans mon livre », avec la même conviction qu'un homme de nature frustre et dont l'instruction fut élémentaire ne manquera de dire en lisant l'énorme fantaisie d'un humoriste : « Cela est bien extraordinaire, mais cela doit être vrai, puisque je l'ai lu dans le journal ».

Les premières lectures ont sur l'âme de l'enfant une influence si évidente, qu'on ne saurait les choisir avec assez de circonspection. Avant tout, les éducateurs devront faire acte de semeurs consciencieux et ne jeter dans cette âme, si bien prête à l'éclosion fervente, que le grain provenant d'une sélection minutieuse et d'un choix patient et éclairé.

CHAPITRE II

Première esquisse des leçons de morale sociale

Quoiqu'on en ait dit, la mentalité de l'enfant n'est pas qualitativement différente de celle de l'homme.

Elle n'est pas autre; elle est celle de l'être que l'éducation et les contingences de l'existence n'ont pas suffisamment atteint.

Tout être très près de la nature, même s'il est parvenu à la maturité de l'âge, émet les mêmes réflexions que les enfants et avec la même apparence de bon sens. Qui n'a pas entendu un simple se croyant sage dire : « Tout est mal arrangé dans la société, il ne devrait y avoir ni riches ni pauvres et tout le monde a droit à la même portion de terre ».

Ce raisonnement est celui de la plupart des petits, dès que leur jeune expérience leur démontre qu'il y a des enfants comblés de tout alors que certains autres manquent des choses les plus nécessaires.

Et alors se formule dans leur esprit et sur leurs lèvres l'inévitable question :

— Pourquoi y a-t-il des riches et des pauvres ?

Il est bien certain qu'il est impossible de résoudre cette question comme elle devrait l'être devant des enfants, dont l'âme est encore peu accessible aux notions qui sortent du raisonnement élémentaire. Certains parents s'en tirent en disant :

— Ces enfants sont pauvres parce que leurs parents n'ont pas d'argent.

Cette réponse ne manque de provoquer une question immédiate :

— Pourquoi y a-t-il des parents qui ont de l'argent et d'autres qui n'en ont pas ?

L'embarras des éducateurs reste le même, et, à moins de se lancer dans des explications que les petits n'écouteraient pas jusqu'au bout et qu'ils ne saisiraient guère, ils ont le plus souvent recours à la réponse ordinaire :

— Tu es trop petit pour comprendre.

Non l'enfant n'est jamais trop petit pour comprendre les choses qui le font déjà réfléchir ; il s'agit simplement de les mettre à sa portée, ainsi que le fit la maman d'un petit garçon qui la pressait de lui expliquer la différence des états de fortune.

Elle rassembla les petits camarades du bébé et leur remit à chacun d'eux ainsi qu'à lui quatre billes, puis s'adressant à son fils :

— Va jouer avec tes camarades, dit-elle, et quand vous aurez terminé votre jeu, tu viendras près de moi et je répondrai à ta question.

Un quart d'heure après, l'enfant arrivait le cœur gros en déclarant à sa mère qu'il avait perdu ses billes et que tel ou tel de ses amis avait gagné celles des autres.

— Voilà, lui dit la mère, l'explication que tu me demandais : Tout à l'heure, vous étiez tous aussi riches les uns que les autres, puisque vous possédiez le même nombre de billes ; maintenant il se trouve que quelques-uns d'entre vous sont fortunés et que d'autres sont devenus pauvres.

« Les parents des petits auxquels on t'apprend à faire la charité ont fait avec leur argent comme toi avec tes billes ; ils n'ont pas su conserver la part qui leur était échue et maintenant ils doivent travailler péniblement pour s'efforcer de la reconquérir.

« Il se peut aussi que les parents eux-mêmes n'aient pas eu de maladresses à se reprocher et qu'ils subissent celles de leurs pères ou de leurs aïeux. Quoi qu'il en soit, le devoir de celui qui possède est de les aider à retrouver leur part d'aisance.

« Je vais donc, moi aussi, t'aider à reconquérir les billes perdues et pour cela t'en donner d'autres, mais il faut que tu les achètes par une demi-heure de travail et d'application, car on n'a rien sans peine ».

Il est inutile d'ajouter que la leçon porta ses fruits car l'enfant comprit d'une façon embryonnaire le jeu de bascule qu'est la fortune et il apprit, en outre, que pour la conserver ou la reconquérir, il est nécessaire de fournir un travail quelconque.

Il ne faut jamais perdre de vue que, pour les petites âmes élémentaires l'expérience est la seule leçon qui puisse les aider à pénétrer le mécanisme des principes généraux, en leur permettant d'en comprendre l'application.

Le problème de l'inégalité sociale, dans son apparente injustice est celui qui les frappe le plus vivement, et, il faut bien l'avouer, celui sur lequel on néglige trop de les renseigner.

La sensibilité des enfants, qui ne se révèle généralement en eux que par ondes, est surtout mise en éveil par le sentiment que leur dicte une conception spéciale de l'équité.

C'est pourquoi il est précieux de provoquer en eux, dès le plus jeune âge, des propensions à un altruisme, dénué de fausse sensibilité et d'élans impondérés, aussi bien qu'il sera exempt de cette désillusion, que la pratique de la vie implante trop souvent dans l'âme des grandes personnes.

Un enfant disait un jour à un autre, dont les parents étaient voisins de campagne des siens :

« Ma bonne assure qu'il ne faut rien donner à ce vieux mendiant, parce qu'on l'a vu l'autre jour vendre le pain qu'il avait recueilli ».

Cette phrase fut heureusement entendue par la mère d'un des enfants qui leur démontra aisément qu'un homme ne vit pas seulement de pain et que s'il en reçoit une quantité plus que suffisante, il a le droit d'échanger le surplus contre des pièces de monnaie qui lui permettront de suffire à ses autres besoins.

On évitera ainsi de laisser germer en l'âme de l'enfant, l'idée de cette charité trop intransigeante, qui prétend faire le bien d'après l'unique façon dont on admet la satisfaction des besoins d'autrui.

La charité perd son nom lorsqu'on y mêle une idée d'arbitraire et il faut bien admettre que ceux auxquels on vient en aide, sont parfois excusables de dénaturer la destination de l'offrande.

Il est essentiel, en outre, de former l'âme de l'enfant à l'idée de solidarité et d'enchaîner avec le plus de soin possible, tout ce qui touche à la pitié trop nettement prononcée, c'est-à-dire à l'humiliation de l'obligé.

Trop fréquemment un acte charitable s'enveloppe d'une impression de vanité, tendant à diminuer celui qui en est l'objet au profit de la propre gloire de celui qui l'exécute.

Ce sentiment devra être combattu par les éducateurs, pénétrés de l'importance de l'altruisme raisonné et de l'intérêt qu'il y a à le faire fleurir dans le cœur des jeunes êtres, dont l'épanouissement moral sera leur œuvre.

L'enfant devra être de très bonne heure initié aux réalités de la vie, tout au moins en ce qui concerne les choses que son esprit peut saisir.

Il est pernicieux de lui cacher, sous le prétexte de ne point troubler sa sérénité, les défauts de ses contemporains et les méchancetés auxquelles il peut être en butte.

On doit prévoir pour lui la lutte de l'existence et il est bon de l'exercer de bonne heure à parer les coups qui, bien qu'ils proviennent d'armes enfantines, ne manqueraient pas de lui faire des blessures inguérissables, s'il n'était point préparé à les éviter ou à les recevoir avec stoïcisme.

Qu'on ne s'étonne pas de l'importance du mot. Celui auquel on a appris, dès sa prime jeunesse, à supporter avec indulgence les petites félonies, les désillusions de l'ingratitude et les déceptions de la mauvaise foi saura, par la suite, composer sa vie en vue de la résistance qu'il sera obligé d'opposer à l'assaut de la déloyauté.

L'homme qui, dès les premières lueurs de la raison, aura été initié aux faiblesses humaines, faiblesses qu'il partage, hélas ! avec le commun des mortels, ne deviendra jamais la proie de la chimère, qui tend à dévorer tous ceux auxquels on s'est appliqué à cacher les réalités de la vie.

On doit encore démontrer à l'enfant qu'il lui faut toujours s'efforcer vers le mieux, chaque perfectionnement, si puéril soit-il, étant un acheminement vers le but de son existence ; on tâchera de le persuader de cette vérité : chacun est l'architecte de sa propre vie, qu'il peut, suivant les fautes qu'il commettra, ou celles dont il s'abstiendra, faire belle et joyeuse ou compliquée et difficile.

Enfin, on ne négligera pas un point très important : l'adaptation de l'âme de l'enfant à l'atmosphère générale des idées et des mœurs de son époque.

L'éducateur ne s'inspirera des principes dont l'observation fut prépondérante dans sa propre jeunesse, que pour les adapter au mouvement intellectuel et moral qui régit le temps actuel ; une tentative de réaction serait toujours regrettable, d'abord, parce qu'elle impliquerait un déni du désir de progrès, ensuite parce que l'influence ambiante aidant, l'enfant ne manquerait pas de généraliser cette tendance et d'entrer en défiance contre un enseignement dont les circonstances viendraient infirmer l'opportunité.

Or, c'est la foi robuste dans la solidité de jugement du maître, qui crée la belle vaillance et maintient les généreuses résolutions de l'élève.

CHAPITRE III

L'exemple

Il n'est pas suffisant de désigner un but et de dire à l'enfant de chercher à l'atteindre ; encore faut-il l'y aider en lui démontrant *par l'exemple* que les re-'commandations dont on l'accable ne constituent pas une vaine théorie, à la pratique de laquelle on se dérobe volontiers.

Dans la première enfance, la petite âme est, ainsi qu'on ne saurait trop le répéter, accessible surtout aux leçons de choses.

L'enfant vit d'abord par les sens avant de vivre par la pensée, il est donc indispensable de ponctuer tout enseignement par la pratique des actes, dont l'exécution en sera le plus heureux commentaire.

Les enfants sont de merveilleux observateurs. Leur mémoire toute neuve leur permet d'emmagasiner et de conserver des impressions qui, pour eux, ne sont pas toujours définies, mais l'occasion venue, se précisent implacablement ; aussi doit-on se garder soigneusement de produire devant eux une action dont ils pourraient tirer des commentaires

7

tendant à conclure à la vanité des principes que l'on prétend leur inculquer.

Que peut penser un enfant que l'on force à se lever de bonne heure, malgré la répugnance qu'il éprouve à quitter son lit, s'il s'aperçoit que ses parents s'attardent dans le sommeil jusqu'à une heure avancée de la matinée ?

Il ne manquera pas d'attribuer l'effort qu'on lui impose à un caprice tyrannique, n'ayant aucune raison d'être et il formulera, sinon tout haut, du moins mentalement cette remarque :

« Puisqu'il est mal de se lever tard, pourquoi mes parents font-ils cette chose blâmable ?

L'autorité des parents s'en trouvera amoindrie et leur infaillibilité deviendra aux yeux des enfants une question si douteuse, qu'ils ne manqueront pas de discuter leurs ordres, s'ils se trouvent en contradiction avec leurs aspirations.

Dans leur logique implacable, se formera à ce dilemme :

Ou ce que l'on m'ordonne de faire est une action louable ; ou ce n'est qu'un caprice ou un préjugé de mes parents.

Dans le premier cas, mes parents ont tort de se dérober à l'accomplissement de cette action louable.

Dans le second cas ils ont tort de m'imposer un sacrifice pour satisfaire un préjugé qu'ils négligent, quant à ce qui les concerne.

Et de ce raisonnement surgit dans l'âme des petits une défiance invincible à l'égard des conseils de leurs parents, qu'ils viennent de surprendre en état de contradiction ouverte avec l'exposé de leurs doctrines.

Vis-à-vis de ceux qui ont la bravoure de formuler leurs réflexions, le mal peut être moins grand, car les parents, pris en flagrant délit de dérogation à leurs principes, peuvent donner à leur attitude des raisons susceptibles d'atténuer l'effet de leur façon d'agir ; mais tous les enfants ne sont pas assez résolus pour affronter cette explication, d'autres sont trop légers pour songer à la provoquer, enfin le plus grand nombre se contentent de subir l'impression, sans la définir par des paroles et encore moins par des actes.

Mais, dans leur petite âme encore nébuleuse, se forme cette conviction que les grandes personnes, pour des motifs ignorés des enfants, se plaisent à leur imposer des corvées si ennuyeuses, qu'ils les esquivent dès qu'ils sont devenus maîtres de le faire.

Il faut aussi ajouter que beaucoup d'éducateurs contribuent à affermir cette pensée en lui répondant brusquement lorsqu'ils se trouvent enserrés dans un raisonnement trop décisif :

— Les grandes personnes font ce qu'elles veulent et les enfants n'ont pas à contrôler les actes de leurs parents.

On devine quelle conclusion les enfants arrivent à tirer d'une pareille réponse. Elle est, à très peu de variantes près, celle-ci :

— A quoi bon m'appliquer à faire maintenant des choses ennuyeuses, puisque cela ne doit servir à rien et que, dès que je serai grand, j'aurai le droit de ne plus observer la règle qu'on veut m'imposer ?

Cela présente encore l'inconvénient de déformer le

jugement des petits, qui s'imaginent volontiers que
l'état d'adulte confère le privilège de se libérer de
toutes sortes de devoirs.

On ne saurait se le dissimuler : entreprendre l'éducation mentale d'un enfant, c'est s'imposer à soi-
même un souci constant de perfectionnement.

Que peuvent penser les enfants qui voient leur colère provoquer l'emportement de leurs parents ? Nous
citons là un des cas les plus fréquents, entre tous
ceux qui sont propres à éveiller chez les éducateurs
le sentiment de la puissance de l'exemple.

Il est parfois bien difficile de réprimer un mouvement d'impatience, devant les exigences ou l'irrita-
tion d'un enfant, qui n'a aucune raison de pleurer,
et les parents doivent souvent faire appel à toute leur
énergie pour réprimer l'emportement qui bouillonne
en eux, en appelant à leur aide la volonté d'un sang-
froid, que l'exaspération est bien près de tarir.

C'est cependant le seul moyen auquel il leur soit
permis d'avoir recours, car ils ne doivent pas oublier
que la colère est un signe d'impuissance ; elle est l'indice d'une faiblesse qui se reconnaît inhabile à triom-
pher par la raison, et, en outre, elle marque toujours
la recherche puérile d'un soulagement qui, la plupart
du temps, n'est qu'une détente nerveuse dans laquelle
l'animalité joue seule un rôle.

Pour toutes ces raisons, l'éducateur qui se laisserait
aller, vis-à-vis d'un enfant, à un mouvement de colère, si légitime soit-il, ne manquerait pas de déchoir
dans l'esprit de ce dernier, car toutes les observations
qu'il pourrait lui faire au sujet de ses accès d'irrita-
bilité, se tourneraient contre lui-même et chaque pa-

role de blâme adressée au petit équivaudrait à l'aveu de sa propre faute.

Nous avons dit dans un précédent chapitre combien il était dangereux de donner à l'enfant l'exemple du mensonge, même de celui qui peut passer pour le plus innocent et que l'on qualifie de politique mondaine.

Il encore maladroit d'échanger devant lui des opinions trop sévères sur le compte du prochain.

Les petits sont assez portés à se dénigrer mutuellement, ne serait-ce que par besoin de gâteries, car en signalant les défauts de leurs camarades, ils pensent faire constater leur supériorité et leur droit à la louange et aux caresses.

Cette tendance, qui peut prendre les proportions de la médisance, si elle n'est point étroitement surveillée, est le plus souvent favorisée par l'imprudence des parents, ne craignant pas d'émettre devant les enfants des réflexions dénuées d'indulgence sur les personnes de son entourage.

Alors même que ces jugements ne contiendraient que l'expression de la vérité, il serait encore maladroit de les prononcer devant les petits, qui, inaptes à faire la part de la raison qui les a dictés, ne manqueraient pas de se prévaloir de l'exemple de leurs parents pour juger eux-mêmes leurs petits camarades.

Tous ceux qui se sont occupés de l'éducation de l'enfant, dans ses premières phases, s'accordent à reconnaître qu'il a en lui l'instinct de l'imitation.

On ne se préoccupe pas assez de l'influence que certains spectacles peuvent avoir sur les petites âmes en formation.

Il est des traditions qui, admises de génération en génération, sont si bien consacrées que les gens superficiels n'en aperçoivent plus le danger.

Celui que nous voulons signaler est d'autant plus à redouter qu'il est présenté sous une forme plaisante et qu'il constitue une distraction classique, que bien peu de parents songent à contrôler.

C'est de Guignol qu'il s'agit : Guignol, l'éternel indiscipliné, qui rosse le commissaire, fait des pieds de nez aux gendarmes, commet toutes sortes de méfaits impunément, et sait si bien obtenir la sympathie générale, qu'on n'en conserve aucune pour les victimes ordinaires de ses tracasseries.

A-t-on bien réfléchi à ce qu'un pareil spectacle, offert presque quotidiennement à un enfant, peut semer dans son âme d'idées erronées, concernant la soumission et la droiture morale?

Peut-on s'imaginer quelle somme de résistance à l'autorité supérieure, quels ferments d'insubordination sont issus de la fréquentation assidue de Guignol? Et les parents qui, victimes de la tradition, admettent ces visites quotidiennes ne ressemblent-ils pas au jardinier de la fable qui cultivait les plantes dont on formait des verges pour le fouetter?

On ne doit pas oublier non plus que les psychologues ont souvent constaté l'abaissement de la mentalité et la diminution générale de la pensée dans une foule qui n'était point conviée à des élans généreux?

Comment est-il possible d'espérer que les enfants puissent échapper à cette contagion et sortir vainqueurs d'une épreuve dont les hommes faits ne triomphent pas toujours?

On s'abuse trop souvent sur la portée et la qualité des exemples qui doivent être choisis par ceux qui ont accepté la difficile mission de modeler les petites âmes.

Avant tout, il est essentiel de se persuader que les leçons de choses sont celles qui frappent le plus vivement l'esprit des enfants, car elles y pénètrent par les portes des sens, les seules qui soient franchement ouvertes chez les tout petits.

En thèse générale on doit donc s'interdire de les faire assister à toute manifestation, visuelle ou auditrice, qui puisse contredire les principes que l'on s'efforce de leur inculquer.

Le champ des belles actions et des actes généreux est suffisamment vaste pour entretenir l'imagination des enfants et c'est se livrer à une besogne bien dangereusement inutile que de les laisser assister bénévolement à la glorification d'actes, dont il faudra ensuite leur démontrer la laideur.

On doit encore admettre que l'âme de l'enfant ait besoin d'un certain idéal, qui se traduit chez lui par une débauche d'imagination. C'est le devoir des parents de discipliner ces aspirations en les réduisant, autant que possible, à un désir de beauté.

Chaque exemple, bon ou mauvais, imprime dans l'âme de l'enfant de profondes empreintes ; tout ce qui retrace la vie, tout ce qui est appelé à lui signaler un mouvement qu'il lui sera possible de produire ou un sentiment qu'il sera capable d'éprouver, éveillent en lui un désir d'imitation que les conseils de morale multipliés ne sauraient éteindre.

L'âme de l'enfant est un miroir qui reflète indistinctement tout ce qui passe devant son champ de réflection.

Les éducateurs soucieux de leur devoir ne devront jamais perdre de vue ce symbole.

Ils n'opposeront pas l'impatience à la colère de l'enfant, car il leur serait trop difficile ensuite de libérer leur souvenir de la vision qu'ils lui ont imposée.

Ils ne se laisseront aller devant lui à aucune des faiblesses dont ils veulent le garantir

Enfin, ils évoqueront en son âme des images destinées à y graver l'impression des vertus qu'ils voudraient y voir fleurir.

CHAPITRE IV

Le Bien et le Mal

« Le Bien, dit un proverbe arabe, est séparé du Mal par un fossé que l'on franchit sans peine. Mais lorsqu'il s'agit de le passer une seconde fois, les difficultés se multiplient à un tel point, qu'il devient, la plupart du temps, impossible de retourner dans le domaine du Bien, quand on en est sorti. »

Il arrive, en effet, que l'ardeur mal dirigée vers un bon sentiment, nous emporte au delà de la limite qui lui est assignée et nous pousse à entreprendre une incursion vers les possessions du Mal.

On ne saurait donc assez surveiller dans l'âme des jeunes enfants l'éclosion de tendances, excellentes dès le début, mais susceptibles de se muer en élans défavorables.

Cependant cette mutation, il faut bien l'avouer, dépend, la plupart du temps, du plus ou moins de tact de l'éducateur, qui, après s'être efforcé de faire naître certaines aspirations dans l'esprit des petits êtres qui leur sont confiés est incapable de les empêcher de dépasser les bornes qui leur sont assignées par la morale et la bonne direction mentale.

Entre tous les sentiments que l'on éprouve une grande difficulté à maintenir dans l'état louable, il faut compter l'émulation.

C'est le mouvement d'âme indispensable à la marche du progrès, c'est le développement d'un désir constant de mieux, générateur d'efforts généreux et de résultats, dont on peut légitimement s'énorgueillir, mais c'est la route ordinaire de la jalousie, lorsqu'on ne sait point empêcher les enfants de bifurquer vers le sentiment du dépit, causé par le succès de leurs camarades.

On pourrait dire que cette mutation dépend entièrement du tact et de la délicatesse des éducateurs, qui peuvent, suivant le degré de leur sollicitude, l'empêcher de porter ses ravages dans les jeunes âmes.

Il est bon de montrer aux enfants l'exemple de ceux qui s'acheminent vers le bien, mais en aucun cas on ne doit établir de comparaison en défaveur de celui auquel on s'adresse, à moins que ce rapprochement désobligeant ne puisse être compensé par un compliment, dans lequel l'enfant pourra puiser la conviction de la justice du maître à son égard.

On a vu des parents armés des meilleures intentions semer ainsi les ferments d'une jalousie qui, plus tard, est devenue une véritable haine entre deux enfants qu'ils aimaient cependant d'un amour égal. Mais l'un d'eux mieux doué, ou d'esprit plus vif, leur semblait devoir être souvent cité en exemple à l'autre, chez lequel ils espéraient ainsi faire naître des qualités d'émulation.

L'enfant chez lequel on cherche à faire lever le désir de l'application, ne pénètre pas la volonté cachée de ses parents; il ne voit qu'une chose: on loue son frère, tandis qu'on le blâme lui-même et il en conclut qu'il est moins aimé; de là des bouderies, des colères entraînant trop souvent des punitions dont l'autre se trouve exempt; alors l'enfant qui se croit sacrifié devient acariâtre, et tout prêt à se réjouir du mal qui pourrait advenir à ce frère, qui, dans son imagination exaspérée, lui apparaît comme un obstacle entre lui et l'affection de ses parents.

L'origine des passions mauvaises gît dans l'âme mal avertie des petits enfants, c'est là qu'il faut en capter la source, pour la diriger vers les régions du bien, si limitrophes parfois.

Il en est ainsi de la persévérance que côtoie si étroitement l'entêtement inutile et stupide.

Il est parfois imprudent aux éducateurs de vouloir inculquer aux enfants telle qualité, dont ils s'abstiennent de lui démontrer les effets outranciers.

Avant de chercher à en provoquer l'apparition, il est bon de mettre l'enfant en garde contre toute exagération.

C'est en développant dans les jeunes âmes le sentiment de la pondération qu'on leur fera haïr les manifestations excessives, que leur tendance à l'enthousiasme facile les incitera toujours à produire volontiers.

Si l'orgueil doit être cultivé chez l'enfant, la vanité ne sera jamais assez violemment poursuivie et si les éducateurs ne parviennent pas toujours à le préserver de ce défaut, qui est le triste apanage de la faiblesse, ils devront, dès les premiers symptômes, s'empresser de le faire remonter à sa source, afin de muer en bel orgueil confiant en soi-même, la sotte vanité qui crée les impuissants.

Ils auront encore à surveiller les progrès d'un aplomb désirable, pour éviter la mutation de cette qualité en une effronterie, nuisible au développement des progrès de la raison.

La bonté même, cette délicieuse vertu de la bonté sera l'objet d'une sollicitude particulière, car elle peut engendrer la sensiblerie ou la faiblesse de caractère qui, toutes deux sont de véritables tares, propres à entraver l'avenir de celui qui les laisse s'épanouir.

C'est à tort que beaucoup de parents cultivent chez leurs enfants une sensibilité dont ils sont fiers.

Les larmes trop faciles ne sont pas toujours l'indice d'une pitié bien profonde ; elles prouvent le plus souvent un état de faiblesse morale qu'il serait bon de combattre avant qu'il n'ait pris une extension plus grande et elles sont encore parfois un dérivatif à une nervosité condamnable.

Mais toutes ces précautions seront prises en dehors de l'enfant, dont on ne fera qu'un collaborateur inconscient.

Son âme est encore trop embryonnaire pour pouvoir démêler ces subtilités et il devra s'y trouver initié sans avoir eu à fournir un travail cérébral à ce sujet.

Cette tâche sera rendue facile aux éducateurs qui savent provoquer la franchise en créant la confiance chez les jeunes êtres. Ils n'auront point grand'peine à extirper les tendres racines d'un mal naissant, car l'enfant lui-même confessera ce mal, sans s'en douter, par la simple habitude de se raconter à celui dont il attend une aide constante.

Il est essentiel encore d'éviter aux petits dont l'âme en formation souffre déjà d'un travail continu d'incubation, l'hésitation qui ne peut manquer de les torturer, devant le désaccord de ceux qui se sont chargés de son développement mental.

Que peut penser un petit être, témoin d'une discussion entre son père et sa mère?

Il est bien clair qu'ils ne peuvent avoir raison tous les deux puisqu'ils expriment trop vivement des opinions contraires. Donc l'un d'eux est dans l'erreur, cela ne peut faire aucun doute pour lui. Et, dès ce moment, l'autorité des parents reçoit une atteinte, se traduisant à la première occasion par un mouvement de désobéissance, que l'enfant légitimera en se disant que rien ne prouve en faveur de l'opinion qu'on veut lui imposer. Il sait que l'un de ses parents a eu tort une fois, pourquoi aurait-il raison aujourd'hui contre lui?

Ces réflexions se présentent, bien entendu, d'une façon encore plus élémentaire à l'esprit du petit enfant, mais le résultat est le même : le doute.

Si le petit est doué d'une âme noble, il souffrira, car cette constatation sera pour lui l'objet d'un chagrin confus qu'il n'est pas encore en état d'analyser, mais qu'il interprètera plus tard par la défini-

tion un peu prétentieuse de « naufrage d'une illusion ».

Pour aujourd'hui, il sera atteint dans le sentiment
le plus doux, celui qui, chez les jeunes êtres, est la
clef de tous les autres : la confiance en une personne
dans laquelle il met tous ses espoirs inconscients.

Dans le cas où l'enfant serait d'un naturel rebelle,
le mal deviendrait plus grand encore, car cette perte
de confiance l'enhardirait à la révolte et le maintien-
drait dans une résolution de résistance qu'il légiti-
merait vis-à-vis de lui-même, en se remémorant que
« papa et maman » n'ont pas toujours raison et que
rien ne prouve qu'en lui ordonnant la chose qui lui
déplaît, ils ne soient pas complètement dans leur
tort.

On augmentera encore ce sentiment de défiance
dans l'âme de l'enfant en éveillant chez lui l'idée
d'une puérile complicité.

De jeunes mamans, très décidées à gâter leurs
petits, leur diront par exemple : Je veux bien te
laisser manger un gâteau de plus, mais *il ne faudra
pas le dire à papa* parce qu'il gronderait.

La raison qui les fait parler ainsi est quelquefois
un obscur besoin de mériter la préférence de l'enfant
et de lui faire voir que, pour lui plaire, elles bravent
la défense paternelle ; c'est parfois encore une faiblesse, qui les pousse à accéder au désir de l'enfant,
pour avoir la paix ; de toutes façons c'est une véritable faute, car si puéril que soit l'acte qu'il est question de cacher au père, on conduit ainsi l'enfant au
doute, au mensonge et au mépris de l'autorité paternelle.

Le doute entre dans son âme avec la nécessité de dérober un acte quelconque.

Or cet acte est blâmable ou insignifiant.

S'il est blâmable, pourquoi la mère le lui fait-elle commettre ?

S'il est insignifiant, pourquoi le cacher ?

Et l'idée d'une injustice possible dans le jugement de son père, s'implante dans l'âme de l'enfant.

Quant au mensonge, il est indéniable et l'enfant se dira infailliblement que l'action de mentir n'est pas aussi répréhensible qu'on veut bien le lui assurer, puisque sa mère elle-même la commet délibérément.

Enfin, le rôle de dupe que l'on fait jouer au père ne peut qu'affaiblir dans la petite âme rudimentaire l'idée de la supériorité paternelle et le respect qu'il portera à ses parents recevra du fait de cette légère dissimulation, dont sa mère, par légèreté, l'aura fait complice, une atteinte dont il ne sortira que considérablement diminué.

Qu'on ne l'oublie pas : L'âme de l'enfant est un mystère devant lequel ne sauraient assez se recueillir, ceux qui ont entrepris de le pénétrer.

Et, c'est en frémissant d'une religieuse ferveur, que les parents devront se préparer à donner la vie morale à l'enfant qu'ils viennent de mettre au monde, car s'il suffit d'un instant d'amour pour créer un être, il faut des années de tendresse avertie, d'énergie virile, de dévotion convaincue, de douceur infinie, de fermeté délicate et de sollicitude ardente pour créer une Destinée.

TABLE DES MATIÈRES

PREMIÈRE PARTIE

DEUXIÈME PARTIE

TROISIÈME PARTIE

SAINT-AMAND (CHER). — IMPRIMERIE BUSSIÈRE.